Dieses Buch gehört

_____

Kontaktdaten

_____

Zu dem Buch:

Konfliktsituationen meiden wir wie die Pest. Dies betrifft die meisten von uns, unabhängig von Alter, Geschlecht, Nationalität, Position oder Erfahrung. Der Gedanke allein an ein vergangenes oder bevorstehendes Konfliktgespräch versetzt uns in Alarmbereitschaft und lässt unser Herz schneller schlagen. Da vieles dabei situationsabhängig ist und schwierig vorhersehbar, macht man einen großen Bogen um solche Auseinandersetzungen oder geht das Thema auf gut Glück an, oft kämpferisch (oder amateurhaft). Die Autorin ist der Meinung, dass die Kommunikation in Konfliktsituationen wie Deutsch, Englisch oder Russisch eine eigene Sprache darstellt mit ihren Regeln und Strukturen. Auf eine einfache und humorvolle Art präsentiert Natalja Pantle die Grammatik dieser internationalen Sprache mit ausführlichen praktischen Beispielen aus dem beruflichen und privaten Alltag. Jeder von uns ist in Konfliktisch von Natur aus talentiert. Ein paar Regeln und ein wenig Feinschliff aus diesem Buch – und unser gefürchteter Feind wird zum Freund und Partner.

Zu der Autorin:

Natalja Pantle ist Linguistin von Beruf und aus Berufung und eine unverbesserliche Optimistin. Sie wohnt im Süden Deutschlands und hält als freie Dozentin Seminare zum Thema Kommunikation.

Natalja Pantle

Konfliktisch

Das Geisha-Prinzip in Konfliktsituationen

Bibliografische Information der Deutschen Nationalbibliothek:
Die Deutsche Nationalbibliothek verzeichnet diese Publikation in der Deutschen Nationalbibliografie; detaillierte bibliografische Daten sind im Internet über http://dnb.dnb.de abrufbar.

1. Auflage 2018
© 2018 Natalja Pantle

Illustrationen: Natalja Pantle

Herstellung und Verlag:
BoD – Books on Demand, Norderstedt

ISBN: 978-3-7448-4812-1

Inhalt

Die Idee. Wie alles begann

Wie die Jungfrau zu Konfliktisch ...

In diesem Kapitel finden Sie Antworten und Erläuterungen zu folgenden Fragen und Punkten:

- Wie kam die Autorin zu Konflik-tisch?
- Muss es immer Friede – Freude – Eierkuchen sein?
- Ist Schlagfertigkeit erlernbar?
- Warum es sich lohnt, Konfliktisch zu lernen.

Eine Seminarteilnehmerin hat einmal gesagt: „Sie haben es gut, Sie haben ein Talent, das Richtige zum richtigen Zeitpunkt zu sagen. Schlagfertigkeit, die Kunst, passende Antworten zu unterschiedlichen Situationen zu geben, ist nicht erlernbar. Entweder man kann es oder man kann es nicht. Da helfen keine Kurse. Dass man es lernen kann, ist eine Utopie!" Das hat mich unwillkürlich an meine Uni-Zeit erinnert, als ich vieles verstanden habe, jedoch nicht über die Fähigkeit verfügte, mich selbst entsprechend zu artikulieren.

Deutsch ist nicht meine Muttersprache. Ich komme ursprünglich aus Russland, wo Deutsch als Fremdsprache für die meisten von uns eher so etwas wie Latein war. (Es war ja vor der Wende, für einige von uns schon vor ganz langer Zeit ;-).) Deutsch war damals eine Sprache, welche wir außerhalb der Schulklassen niemals gebrauchten und auch in der Zukunft nie anwenden würden (so dachten wir zumindest). Jedoch unverhofft kommt oft. Nach dem Abitur entschied ich mich für das Sprachstudium. Fremdsprachen wurden immer populärer. Damals gab es drei Fachrichtungen, die besonders beliebt waren und als prestigeträchtig galten: Medizin, Wirtschaftswissenschaften und Fremdsprachen. Die dritte Fachrichtung fand ich besonders faszinierend: Als Dolmetscherin die ganze Welt bereisen, interessante, wichtige, bedeutende Persönlichkeiten kennenlernen und für die Verständigung zwischen Kulturen sorgen. Wow! Das war meine Mission!

Die Realität der ersten Studienjahre sah jedoch völlig anders und auch ziemlich hart aus. Als Provinzmädchen in der Hauptstadt in einer Gruppe von Kommilitonen (zu 80 % männlich), welche schon ganz passabel Deutsch beherrschten und zu Beginn des Studiums nur wiederholen und an ihrer Aussprache feilen mussten. Für mich war es damals schwer zu verstehen, warum Butter unbedingt DIE Butter hieß (im Russischen ist es DAS Butter; für Schwaben, wie sich später herausstellte, ist es DER Butter ;-)). Das war spannend! Grammatische Regeln und Strukturen, besonders dieses Passiv im Plusquamperfekt mit Modalverben – der war ein reiner Horror! „Wiederholen Sie es bitte, Fräulein Pantle", lächelte mein Dozent mich an. „Sagen Sie bitte ‚Die Aufgabe muss erledigt werden' im Plusquamperfekt Passiv." Oh, mein Gott, das mir Vorgesagte auch nur zu wiederholen, war eine richtige Qual für mich! Es handelte sich um eine pure Ansammlung von Verben. Welchen Sinn machte das Ganze? „Eine Aufgabe hatte gemacht werden müssen." „Es ist unheimlich wichtig", instruierte mich der Professor weiter. „Denn ohne Plusquamperfekt Passiv geht gar nichts, das ist das A und O der deutschen Grammatik. Und als Dolmetscherin müssen Sie es im Schlaf beherrschen!" Oh je, das war eine Herausforderung! Wer A sagt, muss auch B sagen: Wenn es zum Studium gehörte, so musste man nolens volens da durch. Ich kniete mich rein und lernte wie eine Besessene. Wenn die anderen abends und an den Wochenenden Partys und das ausgelassene Studentenleben genossen, sich verliebten, heirateten und die ersten Kinder bekamen, wiederholte ich, wie ein Mönch an seiner Gebetsmühle, neue Wörter und Ausdrücke, grammatikalische Regeln und Strukturen. Und über meinem Bett hingen nicht Poster bekannter Mädchenschwärme (Sänger und Schauspieler), sondern Listen mit der Konjugation von Verben und für mich neuen deutschen Ausdrücken. „Schreiben – schrieb – geschrieben; lesen – las – gelesen; Blaukraut bleibt Blaukraut und Brautkleid bleibt Brautkleid; in Ulm, um Ulm und um Ulm herum".

Jahre vergingen, und ich hatte nun immer wieder mit Muttersprachlern zu tun (bei Studienreisen, Übersetzungen für deutsche Reisegruppen, beim Dolmetschen bei Konferenzen). Dabei fanden die Teilnehmer, für die ich übersetzte, nicht etwa meine perfekt altmodische Ausdrucksweise so entzückend („Sie reden wie im 18. Jahrhundert", kommentierte einmal ein Kunde), sondern die ab und zu bei mir durchgeflutschten Slang-Begriffe. Ein Ausdruck wie „Da war richtig tote Hose" begeisterte meine Gesprächspartner viel mehr als das perfekt angewandte Plusquamperfekt Passiv, mit welchem ich immer wieder zu beeindrucken versuchte. Mit dem Diplom als Dolmetscherin in der Hand bin ich schließlich in Deutschland angekommen.

Im Süden des Landes gelandet, im *Schwaben-Ländle* (dem Land der Schwaben), erlebte ich erstmals einen „Sprachschock": Die Menschen hier waren mir gegenüber sehr gastfreundlich, zuvorkommend und gesprächig. Einige staunten über meine gute Ausdrucksfähigkeit und versuchten, langsam „Hochdeutsch" mit mir zu sprechen, die anderen schnatterten, „wie ihnen der Schnabel gewachsen war", und wollten wissen, ob ich schon *geveschpert* (zu Abend gegessen) habe, sie berichteten von ihren *G'schäften* (Arbeitsstellen), *Häuslen* (Häusern) und *Stüblen* (Zimmern). „*Trinksch'* mit uns ein *Weinschorle* im *Besen?*", wollten sie wissen. (Trinkst du mit uns ein Glas Wein, gemischt mit Wasser in einer Gaststätte?) „Oh, je", sagte ich die erste Zeit immer wieder zu mir selbst. „Habe ich die RICHTIGE Sprache gelernt? Ich verstehe die Menschen hier nicht!" Mir blieb nur das freundliche Zurücklächeln und Nicken übrig. Mehr als drei Mal nachzufragen habe ich mich nicht getraut. „Ich bin wie Luft für ihn", erzählte traurig meine Freundin. „Und was ist daran so schlimm?", rätselte ich. Im Russischen, wenn man für jemanden „Luft" ist, bedeutet es so viel wie „du bist so wichtig für mich wie die Luft zum Atmen. Ich kann nicht ohne dich". Im Deutschen ist es genau das Gegenteil. Faszinierend!

Nach und nach sprach ich selbst schwäbisch und suchte nach weiteren Möglichkeiten, um alle Sprachnuancen zu beherrschen und hiesige Witze und die Mentalität besser zu begreifen, aber auch, um selbst wortgewandter und schlagfertig zu werden. *Schlagfertigkeit* – das war ein neues, ambitioniertes Ziel.

Ist es überhaupt möglich? Ist Schlagfertigkeit erlernbar? Gibt es spezielle Schemata, Regeln; gibt es eine ausführliche Grammatik für eine schlagfertige Reaktion, welche dir wie beim Sprachenlernen das Aneignen dieser Kunst ermöglicht?

Man sagt, um eine neue Fertigkeit zu lernen, müsse man selber kein neues Rad erfinden. Am besten, man findet jemanden, der diese Fähigkeit schon perfekt beherrscht, und kopiert ihn. Danach kann man es weiter modifizieren und perfektionieren.

> *Sogar ein Zwerg kann weiter als ein Riese sehen,*
> *wenn er auf seinen Schultern steht.*
> *Bernhard von Chartres*

Ich interviewte mehrere witzige und schlagfertige Persönlichkeiten. Wie machten sie das, wie kamen sie zu ihren linguistischen Ergüssen und situationskonformen, passenden Reaktionen? Sie konnten jedoch nicht verstehen, was ich von ihnen wollte. Es war für sie etwas ganz Natürliches und Ordinäres. Sie redeten einfach so. Warum? Sie waren nicht imstande, dies zu erklären. „Es kommt mir einfach in den Sinn, und ich sage das", berichteten sie schulterzuckend. Sie waren auch nicht imstande, es jemandem beizubringen, genauso wie mit Muttersprachlern, welche nicht erklären können, warum sie so und nicht anders sprechen. Sie haben einfach dieses Sprachgefühl. Warum das so ist, nach welchen Regeln es erfolgt und ob es da Ausnahmen gäbe, das wissen sie nicht und können es einem Ausländer nicht plausibel erklären. Ich war selbst diese Ausländerin, die nach und nach das Gefühl, das Gespür, die Melodie und die Faszination für die neue Sprache aufgesaugt und es sich zu eigen gemacht hatte.

Die *Schlag-Fertigkeit* ... Mit diesem Begriff war ich lange nicht ganz glücklich, da diese Bereitschaft zu schlagen, zu boxen und den Gegner zu erniedrigen wenig praxistauglich für mich selber war. Dieser Begriff ist sehr verlockend und mit seinem Rache-Charakter auch sehr anziehend; er befindet sich jedoch in der Praxis nur kurz entfernt von einem endgültigen Beziehungsende.

„Eine schlagfertige Frau ist wie ein boxender Hamster. Wer hat schon Angst vor diesen niedlichen Tierchen?" Das hat man mir einmal gesagt; hart und, wie man es so schön ausdrückt, nicht politisch korrekt. Ich lachte jedoch darüber, denn es war wirklich ein komisches Bild. Es musste eine andere Art der verbalen Durchsetzung, der Bewahrung der Selbstsicherheit und der Selbstverteidigung geben. Besiegen, jedoch nicht „erniedrigen"; sich behaupten und Respekt verschaffen, dies jedoch im Dialog und dabei im Kontakt bleiben. Mir schwebte mehr ein Siegen durch Nachgeben vor, auf eine eher vornehme und sanfte Art, so wie im *Judo*: Wenn man den Angreifer durch seine eigene (physische) Kraft „auf den Rücken" zu legen vermag, dann geschickt den Spieß umdreht und mit dem Einsatz der geistigen Macht mit ihm auf der Augenhöhe bleibt.

Eine Kommunikation hat normalerweise zwei Seiten: *Redner und Zuhörer, Sender und Empfänger, Yin und Yang, Samurai und Geisha.* Letztere gilt als eine perfekte Zuhörerin, Unterhalterin und Menschenkennerin. Sie hat ein feines Gespür für die emotionalen Zustände ihrer Gesprächspartner und ist imstande, durch Tanz, Gesang und geübte Konversation diese in eine positive Verfassung, weg vom Problem und hin zu Lösungen, zu bringen.

„Das Geisha-Prinzip" ist ein signifikantes Reaktionsmodell für die meisten schwierigen Gespräche in unserem Leben. Wenn Sie dieses beherrschen, können Sie schon 80 % der Gesamtgrammatik von Konfliktisch! In diesem Buch finden Sie noch drei weitere Prinzipien. Alle zusammen bilden sie die Quadratur der Konflikt-Sprache, deren wichtigste Grammatik. Können Sie danach Konfliktisch sprechen?

Haben Sie in der Schule auch Englisch, Französisch, Spanisch oder Russisch gelernt? Warum dann nicht auch diese Sprache, die Sie ohnehin schon Tag für Tag praktizieren? In diesem Buch bekommen Sie Feinschliff sowie elegante Tipps und Tricks, die Sie dabei unterstützen, Ihr Konfliktisch einfach, unterhaltsam und erfolgversprechend zu gestalten.

Das A und O dabei bleiben Ihr Lernwille, Ihr Sinn für Humor und die Praxis. Reden, reden, reden: maximale Wirkung mit einem minimalen Aufwand.

Dabei geht es nicht um „Friede, Freude, Eierkuchen", sondern um eine Art des *Win-win*[1]-

Gespräches, bei dem jeder das Gesicht wahren und erfolgreiche berufliche und private Beziehungen führen kann.

PS: In Schriftwerken sind allerlei Emotionszeichen (à la Smileys) unüblich. Diese finde ich jedoch enorm aussagefähig, da sie das Non-Verbale praktisch mit einbeziehen. Verzeihen Sie mir deswegen diesen Klischeebruch, denn ohne Ihre unmittelbaren Reaktionen gelingt es mir nicht, Ihnen die Intention des Buches näherzubringen und dieses Thema leidenschaftlicher zu beleuchten. Es liegt mir sehr viel daran.

Viel Spaß beim Lesen, Üben und Nachmachen!

Konfliktisch-Glossar

Unser ABC

Der nachfolgende Abschnitt präsentiert das Konfliktisch-ABC mit seinen spezifischen Begriffen und Termini.

Jede Sprache hat ihr Vokabular, ihre Grammatik, ihre Phonetik usw. Genauso ist es auch bei Konfliktisch. Im weiteren Verlauf werden wir immer wieder mit spezifischen Begriffen und Bezeichnungen operieren, die Ihnen aus dem Geschichtsunterricht schon gut bekannt sein werden. Wir verwenden sie jedoch für diesen konkreten Kontext und mit eingeschränkter Bedeutung zur besseren Definition und Erklärung von Abläufen und Phänomenen von Konfliktisch. Keine Angst, es wird kein Plusquamperfekt Passiv geben, sondern die für Sie schon gut bekannten Begriffe und Gestalten, welche zur Allgemeinbildung gehören und ihren Ursprung im Land der aufgehenden Sonne, in Japan, haben.

Und hier sind unsere Termini:

Jiu-Jitsu

Eine von japanischen Samurai stammende Kampfkunst der waffenlosen Selbstverteidigung. Ziel des Jiu-Jitsus ist es, den Angreifer möglichst schnell und effizient außer Gefecht zu setzen. Siegen durch Nachgeben. Der Grundgedanke ist, die Kraft des Angreifers gegen ihn selbst einzusetzen.

Judo

S. Jiu-Jitsu, jedoch mit einem entscheidenden Unterschied: ohne dessen gefährliche und schmerzhafte Techniken. Hier geht es um Besiegen, jedoch nicht um „Niedermachen".

Judoka

Ein Kämpfer, der Judo-Techniken einsetzt. Wir werden ihn auch als „Boxer" bezeichnen.

Samurai

Ein japanischer Krieger/Ritter

Maiko

Dies ist ein Geisha-Lehrling. Ein anderer Begriff dafür: „Kleines Mädchen".

Geisha (Geiko)

Eine japanische Kommunikationskünstlerin, exzellente Menschenkennerin und Gastgeberin. Durch ihren Tanz und Gesang, geschickt eingesetzte Techniken des aktiven Zuhörens und den Ausdruck von Empathie ist sie imstande, Sympathien und positive Stimmungsänderungen bei ihren Gesprächspartnern zu bewirken. Sie unterliegt einem Schweigekodex und darf keine Auskunft über Art und Inhalt der im Teehaus geführten Gespräche preisgeben.

Taikomochi

Eine männliche Geisha, ein Unterhalter, ein „Clown" (in unserer Terminologie).

Banzai

Der japanische Schlachtruf.

Harakiri

Eine rituelle Selbsthinrichtung nach dem Gesichtsverlust etc.

Bitte beachten Sie, dass es dabei um unsere Spezialbegriffe und nicht um allgemeingültige Definitionen dieser Bezeichnungen geht. Sie wurden, wie oben erläutert, für eine bildliche, emotional angehauchte Darstellung ausgewählt. Jetzt geht es los!

Vier Elemente/
Vier Reaktionen

Feuer/Luft/Erde/Wasser

Die aktuelle Passage verdeutlicht die Wichtigkeit vom Small Talk und präsentiert vier mögliche Reaktionsvarianten bei verbalen Auseinandersetzungen.

Hallo, wie geht es Ihnen?

So beginnen wir normalerweise eine Konversation, sowohl mit bekannten als auch mit uns unbekannten Personen. Wir tauschen ein paar Höflichkeitsfloskeln aus, zu welchen Bemerkungen über das Wetter gehören können, über die Anreise, die Freude über das Treffen, die Ereignisse der vorangegangenen Stunde sowie eine kurze Nachfrage nach der Familie und den Freunden sowie der Dank für die Möglichkeit der Kontaktaufnahme. Alles in allem: ein *Small Talk*, ein Vorspiel, ein nutzloses Gespräch. Oder?

Viele von uns sind der Meinung, dass dies völlig überflüssig und unwichtig sei. Sie lassen es widerwillig über sich ergehen und bereiten sich innerlich schon auf das eigentliche Gesprächsthema vor, insbesondere bei Kunden- und Vorstellungsgesprächen oder bei Vorträgen. Das ist jedoch richtig schade, denn diese *leichte Konversation* gibt den Ton für das ganze Gespräch vor, für den kompletten Vortrag oder für die weitere Richtung, in der die gesamte Kommunikation verläuft. Bekanntlich wissen Geheimagenten die Erkenntnisse aus diesem Auftakt einer Begegnung geschickt in ihrer Arbeit einzusetzen: Das Verhalten der Menschen in dieser Phase liefert ihnen entscheidende *Richtwerte* für ihr Verhaltensmuster im *Wahrheits-Modus* (wie bewegen sich seine Augen, wenn er sich erinnert – NLP[2], Lügendetektor lassen grüßen). Denn wir kommunizieren in dieser Phase oft im Autopilot-Modus, ohne dabei bewusst nachzudenken. Somit können diese im Verlauf der Konversation alle Änderungsnuancen in Ihrem Verhalten korrekt interpretieren und alle Aufregungen und Lügen (konstruierte Wahrheiten) bestens entlarven.

Links	Rechts
Konstruierte Bilder	Erinnerte Bilder

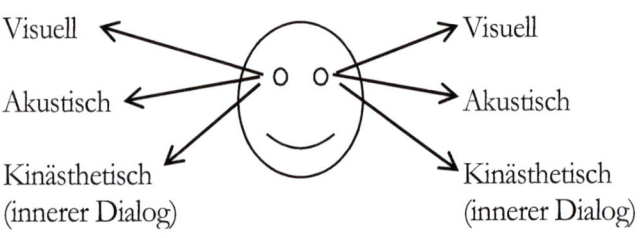

Abbildung 1. Interpretation des Gesagten nach Augenbewegungen[2] (Eigene Darstellung)

- Wie geht es uns?
- Spielt es überhaupt eine Rolle?
- Macht es einen Unterschied?

Diese Frage stelle ich als Erstes an meine Teilnehmer, um den Ist-Zustand der Gruppen von vornherein herauszufinden. Dabei unterscheidet man grob vier Stimmungs- bzw. vier Gemütsarten (nach dem Beispiel der Antike): Luft, Feuer, Erde und Wasser; Sanguiniker, Choleriker, Melancholiker und Phlegmatiker.

26

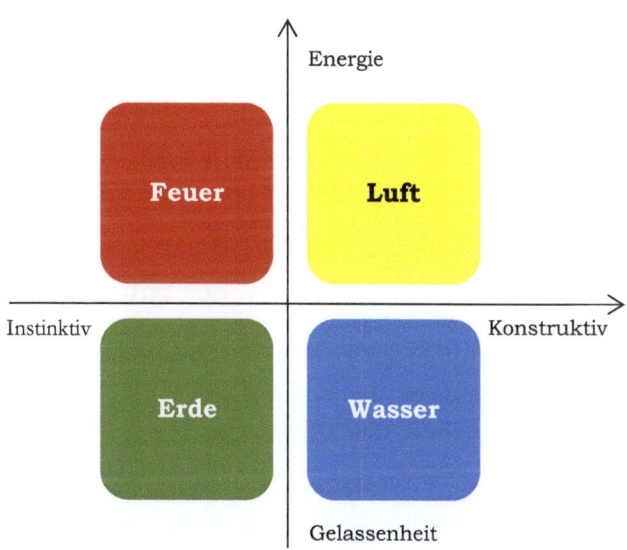

Abbildung 2. Vier Elemente/Vier Reaktionen
(Eigene Darstellung)

Zu viel **Feuer (Choleriker)** ist ein Hinweis darauf, dass viel innere Aggressionen und Wut in den Menschen stecken. Dabei würden meine Gesprächspartner jeden Anlass als eine Kampfansage und Herausforderung sehen. Als Folge müsste ich mit einer Menge verbaler Angriffe und kritischer Kommentare rechnen.

Falls der **Erd-Zustand (Melancholiker)** vorherrscht, könnte man mit einem ruhigen, jedoch etwas apathischen Publikum rechnen. Interaktionen, Handlungen, Motivationen und Begeisterungsausbrüche wären in diesem Zustand ein fast unmögliches Unterfangen.

Der **Wasser-Zustand (Phlegmatiker)** ist eine meiner bevorzugten Alternativen. Diese Partner hören wohlwollend zu, sie lassen sich alles durch den Kopf gehen, unternehmen jedoch von sich aus keine aktiven Diskussionsversuche. „Danke für die Rede, jetzt gehen wir weiter."

Und beim letzten Element, der **Luft**-Stimmung **(Sanguiniker),** geht es um ein aktives, interessiertes und motiviertes Publikum. Die Menschen hören begeistert zu, stellen Fragen zum Thema, interagieren und geben (positives) Feedback.

Aus diesem Grunde befolgen wir Etikettenregeln und führen leichte Konversationen, um den Emotional-Zustand unserer Mitmenschen situationsgerecht und nach Möglichkeit positiv zu beeinflussen.

Was geschieht in einem Konfliktfall, wie reagieren wir intuitiv in dieser Stress-Situation?

Ein biochemischer Prozess in unserem Körper wird dabei in Gang gesetzt: Adrenalin, Cortisol, Noradrenalin und andere Stresshormone verursachen das Freisetzen von Energiereserven des Körpers und unser Gehirn schaltet auf Autopilot. Der Körper antwortet mit zwei uralten Verhaltens-Variationen: *Kampf oder Flucht*; *fight or flight*.

Das Blut, die Kraft und die Energie fließen entweder zu den Händen oder zu den Füßen. Entweder wir ballen unsere Fäuste und bereiten uns auf eine Auseinandersetzung mit dem Angreifer vor, oder wir machen uns auf die Socken und verschwinden von der „Bühne" des Geschehens. In unserer konkreten Konfliktsituation heißt das so viel wie: verbaler Wutausbruch, Anschuldigungen und Beleidigungen oder Rechtfertigungen, inneres Zurückziehen, Schmollen, Boykottieren, Weinen.

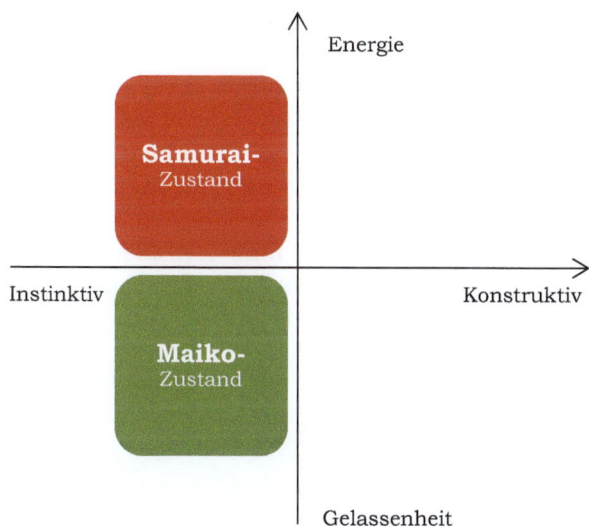

Abbildung 3 Autopilot-Reaktionen vom Gehirn
(Eigene Darstellung)

Den ersten Fall bezeichnen wir bildlich als **„Samurai (Boxer)-Zustand"**, den zweiten als **„Maiko (Kleines Mädchen)-Zustand"**.

Entwicklungen in der Gehirnforschung der letzten Jahrzehnte haben diese Zustände genauer unter die Lupe genommen, man hat den Drahtzieher für unsere Emotionen endlich aufgespürt und den Vorhang hinter diesem Mysterium namens „menschliches Gehirn" ein wenig aufgezogen. Das

Verständnis der automatischen Reaktionen auf Stress bei uns und anderen ermöglicht uns die Entwicklung von Mechanismen zur Änderung des Verhaltens: unseres eigenen und des Verhaltens unserer Mitmenschen.

Alle diese Aspekte, die Fähigkeit, eigene und fremde Emotionen zu erkennen, zu interpretieren und situationsentsprechend, in Richtung unserer Ziele, zu kontrollieren und zu verändern, sind Bestandteile des im letzten Jahrhundert „entdeckten" Konstruktes namens *Emotionale Intelligenz*[3] *(EI)*. Dazu kommen wir noch später. Eines nach dem anderen.

Im nächsten Kapitel lade ich Sie herzlich ein, unser Allerheiligstes, das Tor zu unserem Unterbewusstsein, genauer zu inspizieren. Seien Sie gespannt!

Die Physiologie unserer Ent-
scheidungen

Kopf oder Herz?

Das ist hier die Frage ...

Im Verlauf des nächsten Kapitels wird ein besonderes Augenmerk auf den Draht-zieher unserer Entscheidungen geworfen. Hier wird es deutlich, wer unsere Wahl beeinflusst und wie das geschieht; warum wir, insbesondere in Konfliktsituationen, so und nicht anders reagieren.

Wir treffen unsere Entscheidungen emotional,
im Anschluss finden wir rationale Erklärungen dazu.

In den ersten wichtigen Minuten des Gesprächs mit Unbekannten treffen wir für uns blitzschnelle Entscheidungen:

- Ist das Gegenüber unser Freund oder Feind?
- Finden wir unser Gegenüber sympathisch, interessant und vertrauenswürdig?
- Ist dieser Mensch unsere Aufmerksamkeit und Zeit wert?

Wenn diese Fragen positiv beantwortet werden können, geben wir unserem Gegenüber eine weitere Chance: Wir bieten ihm unseren Vertrauensvorschuss an und hören wohlwollend zu, sind bereit, diesen Menschen besser kennenzulernen, ihn weiterhin zu treffen und eine Beziehung mit ihm einzugehen.

Für den ersten Eindruck gibt es keine zweite Chance.
Arthur Schopenhauer

Das alles haben wir schon x-mal gehört. Und trotzdem unterschätzen viele dessen Bedeutung. Ich selbst bin mit dem Gedanken/Spruch aufgewachsen, dass innere Werte mehr zählen. Man solle nicht viel aufs Äußere schauen – sondern mehr auf den Inhalt, die Füllung, achten, denn das sei viel wichtiger und nur darauf komme es an.

Einverstanden, dann bitte ich Sie, sich einmal Folgendes vorzustellen:

Variante 1:
- Sie bekommen ein tolles saftiges Steak auf einem Plastikteller serviert,
- oder eine köstliche Praline, eingewickelt in ein Papiertaschentuch,
- oder jemand überreicht Ihnen ein exquisites Kleidungsstück, eingepackt in einer Mülltüte.

Variante 2:
- Ihnen werden Würstchen (oder Bratkartoffeln, falls Sie Vegetarier sind) auf einem stilvollen Teller angeboten, geschmückt mit allerlei Gemüse und Gewürzdekorationen, bei Kerzenschein und schöner Musik.
- Sie sehen auf einem Teller Ihren Namen mit Gummibärchen ausgelegt.
- In einem wunderschönen Karton, mit einer Schleife aus Seidenband, finden Sie ein süßes T-Shirt mit einem coolen Printspruch.

Welche dieser beiden Varianten würden Lächeln, Freude, Begeisterung und Wow-Rufe bei Ihnen hervorlocken?

Der Inhalt ist wichtig, da stimme ich Ihnen zu. Das ansprechende Äußere macht es jedoch überhaupt erst möglich, dass wir zu diesem faszinierenden Kern durchdringen wollen.

Nicht das WAS, sondern das WIE ist oft entscheidender;
das Auge isst mit;
der Ton macht die Musik.

Jetzt kommen wir zurück zu unserer Aussage am Anfang:

„Wir treffen unsere Entscheidungen emotional, im Anschluss finden wir rationale Erklärungen dazu."

- Warum ist das so?
- Gibt es Herz- und Kopf-Entscheidungen?
- Emotionale und rationale Entscheidungen?
- Intuitive und logische?
- Und wo ist ihr Sitz?

In dem Buch vom Daniel Goleman „Emotionale Intelligenz"[3] finden Sie ausführliche Darstellungen dieses Phänomens, mit Experimenten und wissenschaftlichen Erklärungen dazu.

Sie wissen ja, dass wir unsere Außenwelt, die unendlichen Informationen und Impulse daraus mit *unseren fünf Sinnen* erfassen (Sehen, Hören, Riechen, Anfassen und Schmecken). Bei der Kommunikation fällt die größte Bedeutung den ersten beiden Sinnen zu, also dem visuellen und dem akustischen Kanal. Eine Flut von Informationen wird mit unserem Auge (oder dem Ohr) erfasst und gelangt als Erstes an unser limbisches System[4]. Die Information „klopft ans Tor unseres Unterbewusstseins" und bittet um Einlass. Der blitzschnelle fleißige Grenzschutzbeamte (darf ich vorstellen, sein Name ist **Thalamus**) überprüft alle Ankömmlinge „auf Herz und auf Nieren". Er kontrolliert deren Identität, ihre Wichtigkeit und Dringlichkeit. Und wehe, jemand steht auf seiner „Schwarzen Liste" (ein gesuchter/potenzieller

Verbrecher)! In solchen Ausnahmesituationen handelt er schnell und autonom, ohne den logischen, sachlichen und weisen „Chef", den präfrontalen Kortex, um Erlaubnis zu fragen und ihn um Handlungsanweisungen zu bitten. Der Thalamus schützt nämlich das ganze „Land" – den Organismus – und alleine das zählt für ihn.

„Vorsicht ist besser als Nachsicht."

Das ist seine Aufgabe. Es kommt gelegentlich vor, dass er „Unschuldige" abweist, jedoch „who cares"? Im Großen und Ganzen leistet er ein enormes Stück Arbeit. Ohne ihn würde es „Stau" und „Chaos" an der Grenze geben.

Seine andere wichtige Kollegin heißt **Amygdala** (der Mandelkern). Die Amygdala ist quasi der Drahtzieher unserer Emotionen.

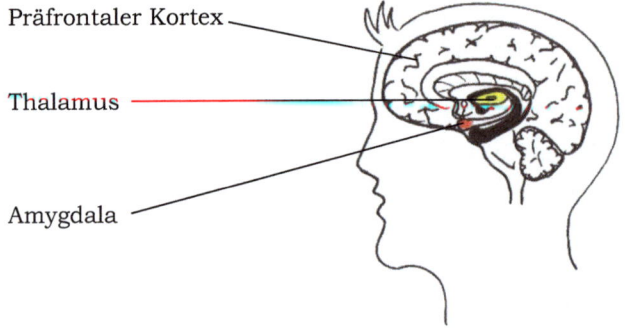

Abbildung 4. Präfrontaler Kortex/Thalamus/Amygdala[5]
(Eigene Darstellung)

Wenn Sie in einem Unbekannten Ähnlichkeiten mit Ihrem streitsüchtigen Nachbarn erkennen und ihn partout nicht mögen, dann war dabei Ihre Amygdala am Werk. „Ich habe da so ein ungutes

Gefühl, er sieht genauso aus, folglich ist er genauso. Halte dich von ihm fern", – flüstert sie Ihnen ins Ohr.

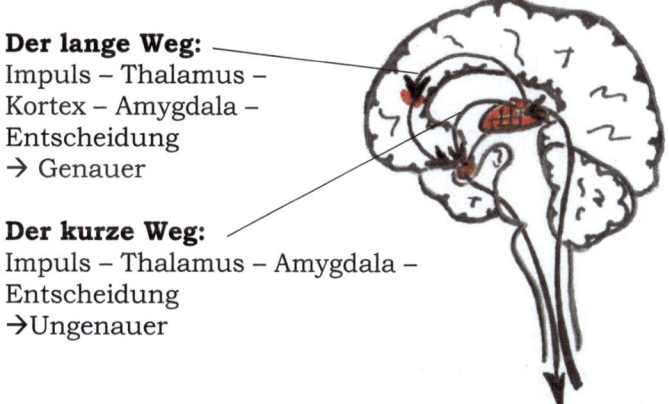

Der lange Weg:
Impuls – Thalamus –
Kortex – Amygdala –
Entscheidung
→ Genauer

Der kurze Weg:
Impuls – Thalamus – Amygdala –
Entscheidung
→Ungenauer

Abbildung 5. Der lange und der kurze Weg unserer
Entscheidungen[3] (Eigene Darstellung)

In der Firma, in der ich einmal gearbeitet habe, suchte man einen passenden Kandidaten oder eine Kandidatin für die Position des Assistenten (Sekretärs). Aus einer Vielzahl von Bewerbern suchte man ein paar passende, gut qualifizierte Damen aus. Die beste von ihnen, mit exzellenten Referenzen, Zeugnissen und mehrjähriger Erfahrung lud man als Erste ein. Da ich mit ihr später viel zu tun haben sollte, wurde ich auch zum Gespräch eingeladen. Die Bewerberin war toll: Sie führte das Gespräch souverän, beantwortete sicher und selbstbewusst alle kniffligen Fragen unserer Personalabteilung, hatte immer Blickkontakt (nicht zu viel, nicht penetrant, nicht arrogant

– genau richtig). Wir alle, die beim Gespräch dabei waren, waren von ihr fasziniert. „Eine perfekte Kandidatin, Expertin in ihrem Fach, eine tolle zukünftige Kollegin!", meinten alle, außer unserem Geschäftsführer. Er hatte immer etwas auszusetzen an der Frau; schon als er sie zum ersten Mal gesehen hatte, verfinsterte sich sein Blick. Keines der Argumente, welche wir für die Bewerberin vorbrachten, war überzeugend für ihn. Zum Schluss habe ich ihn unter vier Augen gefragt, ob da etwas anderes wäre, warum er solche Abneigung gegen sie hätte. „Ja", bestätigte er. „Sie sieht eins zu eins wie meine Grundschullehrerin aus. Ich kann mir beim besten Willen keine produktive Zusammenarbeit mit ihr vorstellen." Der Kandidatin wurde abgesagt. Eingestellt hat man dann eine Dame mit weniger Erfahrung, schlechteren Zeugnissen und Bewertungen. Der Chef war glücklich. Seine Amygdala hatte mal wieder gewonnen.

Deshalb ist es extrem wichtig im Kontakt mit uns noch unbekannten Menschen (z. B. neuen Kunden, Kollegen), als Erstes eine positive Atmosphäre zu schaffen und Gemeinsamkeiten zu finden. „Ach was, Sie kommen auch aus München? Sie haben auch in Boston studiert? Kinder ... wie alt sind Ihre? Als ich wie Sie Student war ..." Es ist keine Zeitverschwendung, sondern ein wichtiger Mechanismus, um Brücken zwischen unseren Inseln zu schlagen. Ohne diesen Part würden wir einfach von unseren Amygdalis als „Feinde" abgestempelt und als „suspekte" Eindringlinge sofort abgewiesen.

In Konfliktsituationen geht es gerade um das besprochene *Autopilot-Prozedere* unseres limbischen Systems. Diese Reaktionen sind schnell und meist ungenau. Evolutionsgeschichtlich gesehen, in

Zeiten, in denen unsere Vorfahren noch in Höhlen lebten und auf Schritt und Tritt von Gefahren umgeben waren (Bären, giftige Schlangen und Insekten), war eine solche schnelle Reaktion überlebenswichtig. Nur dank dieser Vorsicht waren unsere Urahnen überhaupt imstande, ihr Erbgut an weitere Generationen weiterzugeben. Ihre Angst und die schnellen Reaktionen unserer Vorfahren sind somit der Grund für Ihre und meine heutige Existenz. Hoch sollen Angsthasen leben! ;-)

Die Zeiten haben sich (glücklicherweise) geändert und wir müssen heutzutage nicht mehr hinter jeder Tür einen Tiger oder einen Wolf vermuten. Unser Gehirn, unsere Reaktionen sind allerdings nicht in der Lage, mit der blitzschnellen Entwicklung der heutigen Zivilisation Schritt zu halten. Die Prozesse in unserem „Zentrum" sind viel archaischer und langsamer.

Viele Stressempfindungen unserer heutigen Zeit sind weder überlebensrelevant noch zeitgemäß oder gerechtfertigt. Jemand sagt uns:

Typisch Mann (Frau)!,

und plötzlich sind wir in Alarmbereitschaft.

- *Wie sehen Sie denn aus!*
- *Ihre Arbeit ist schlampig ausgeführt worden.*
- *Sie haben schon wieder einen Fehler gemacht!*

Und schon spucken wir innerlich „Feuer und Flamme" und sind bereit, diesen Menschen physisch oder psychisch zu „vernichten".

Vom sogenanntem „Lampenfieber", der Angst vor öffentlichen Auftritten, ganz zu schweigen. Nach der Angst vor dem Tod ist dies die zweitgrößte Angst der heutigen Gesellschaft. Warum? Als Erklärung gibt es die Version, dass wir als Gruppenspezies Angst vor Ausstoßung haben (falls wir etwas falsch machen). In früheren Zeiten hätte dies ein Todesurteil bedeutet. Alleine konnte man die Gefahren nicht meistern und nicht überleben.

Wovor fürchten wir uns heute bei öffentlichen Auftritten oder bei Konfliktgesprächen? Dass man Tomaten und faule Eier nach uns wirft, dass man uns auslacht, dass wir unser Gesicht verlieren? *Ist es überhaupt möglich, sein Gesicht zu verlieren?* Es klebt doch ziemlich fest an unserem Vorderschädel! Ich habe noch niemals ein herumliegendes fremdes Gesicht gefunden. Sie etwa?

Wenn unsere Ängste ad absurdum geführt werden, verlieren sie ihre erschreckende Wirkung. Bei Konflikten und Schwierigkeiten in der Kommunikation heutzutage geht es ganz allgemein genau um diese imaginären, nicht echten Gefahren. Werden Sie sich dessen bewusst – und so mancher Elefant wird sich dabei in eine klitzekleine Mücke verwandeln. Und jetzt geht es spannend weiter …

Mars und Venus

Ein Wort und ein Wörterbuch

Im Mittelpunkt dieses Abschnittes steht die Klärung von folgenden Punkten:

- Ist jeder Verbalangriff als ein aggressiver Akt zu verstehen?
- Welche Faktoren für (Miss-) Verständnisse gibt es dabei?

> *- Was ist der Unterschied zwischen der*
> *männlichen und der weiblichen Logik?*
> *- Die männliche Logik ist richtig, die*
> *weibliche ist jedoch sehr interessant.*

Konfliktsituationen werden nicht von jedem und nicht immer als solche empfunden.

Zum Beispiel könnte eine Aufforderung Ihres Partners wie:

Mache mir bitte einen Kaffee, Schatz!

auf zwei unterschiedliche Arten interpretiert werden. Wie würden Sie zum Beispiel darauf reagieren, wenn:

Variante 1

Sie frisch verliebt wären?

Variante 2

Sie schon zwanzig Jahre verheiratet wären und gestern einen heftigen Streit mit Ihrem Liebsten gehabt hätten?

Ich wette, dass Sie im ersten Fall diese Bitte als etwas Selbstverständliches mit Freude sofort erledigen würden. Bei der zweiten Variante jedoch könnte der Streit eine weitere heftige Fortsetzung mit persönlichen Anschuldigungen und lauter Auseinandersetzung nehmen.

„Was bin ich für dich! Hast du selbst keine Hände! Bin ich deine Sklavin? Du bist wie ein Pascha! Immer soll ich die Mutter für dich spielen! Sei doch endlich erwachsen!" Und so weiter. Sie kennen es ja all zu gut.

Oder ein weiterer Spruch von Ihrem „netten" Kollegen:

Sie sind aber gut drauf heute!

könnte je nach Ihrem aktuellen Selbstwertgefühl, Ihrer Beziehung mit dem Mitarbeiter, der Vorgeschichte, Ihrer Stimmung, Ihrem Sinn für Humor sowie einem geübten Umgang mit Sprüchen auf unterschiedlichste Arten „verdaut" werden, zum Beispiel folgendermaßen:

Variante 1
Ja, genau. / Gut beobachtet. / Stimmt. / Ganz richtig.

Variante 2
Wie schön, dass Sie so aufmerksam sind und alle meine Stimmungsschwankungen auf Anhieb erkennen! Was für einen tollen Kollegen ich doch habe!

Variante 3
Siehe wie Variante 2, nur ironisch ausgedrückt und gemeint.

Variante 4
Wenn Sie das so ansprechen, fällt mir gerade ein, dass der Monatsbericht noch immer nicht erledigt ist. Bekomme ich ihn heute von Ihnen?

Variante 5
Ja, Morgenstund' hat Gold im Mund.

Passend dazu eine Anekdote:

In einem überfüllten Bus bittet ein Mann eine junge Dame, seinen Fahrschein zu entwerten: „Können Sie bitte mein Ticket stempeln, Schätzchen!" Tausende Gedanken schießen ihr dabei durch den Kopf: „Schätzchen heißt eine Geliebte. Eine Geliebte heißt eine unanständige Frau. Eine unanständige Frau ist ein Flittchen ..." „Liebe Leute, dieser Mann hat mich als Hure bezeichnet!", verkündet empört die Dame.

Wir können dies noch weiter fortsetzen. Sie kennen bestimmt solche Situationen.

Meine Intention war, Ihnen zu demonstrieren, dass nicht jeder Angriff wirklich als ein solcher zu definieren ist. Die Realität ist immer neutral, und je nach unserer eigenen Interpretation, unserer Geschichte, die wir uns selbst dazu erzählen, kann sie als positiv oder negativ bewertet werden. Dementsprechend unterschiedlich kann unsere Reaktion darauf sein. Diese kann Wut, Ärger oder Beleidigtsein ausdrücken – oder Humor, Gelassenheit und Ruhe.

Jeder gibt „seinen Senf" (seinen Summanden, seine Interpretation) zu jeder Geschichte hinzu. Kein Wunder, dass am Schluss unterschiedliche Ergebnisse dabei herauskommen.

$$1+2=3$$
$$1+4=5$$

Bildlich kann man es wie folgt darstellen:

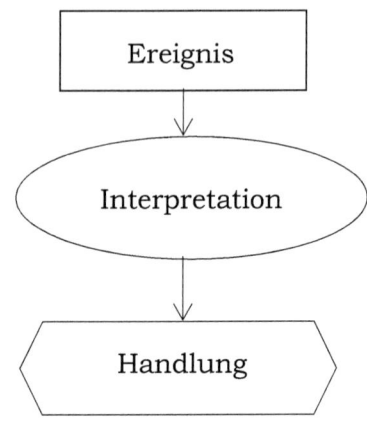

Abbildung 6. Vom Ereignis zur Handlung
(Eigene Darstellung)

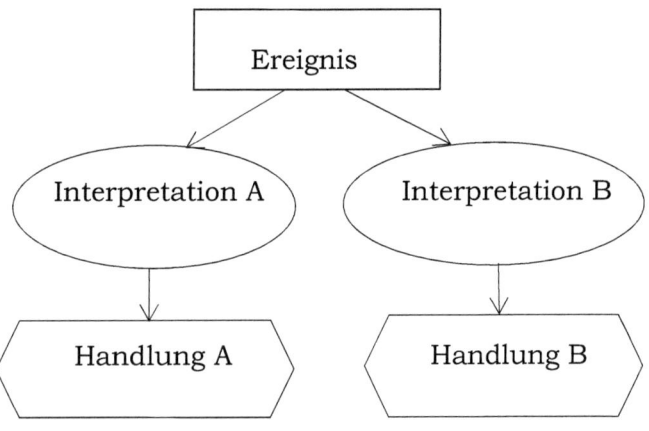

Abbildung 7. Vom Ereignis zu Handlungen
(Eigene Darstellung)

Es ist wirklich faszinierend, wie unterschiedlich wir unsere Welt erfassen, welche unähnliche Interpretationen wir von unserer Realität für uns liefern und dabei, diesen entsprechend, ganz unterschiedliche Reaktionen produzieren. Diese hängen bekanntlich von mehreren Faktoren ab:

- **von unserer Stimmung**
(Feuer, Luft, Erde und Wasser, s. „Physiologie unserer Entscheidungen")

- **von unserer Kultur**
Bei den asiatischen, den skandinavischen und anderen nördlichen Völkern (auch bei Russen und Schwaben) gelten starke emotionale Gefühlsäußerungen als nicht „politisch korrekt", als übertrieben und unpassend, und sie lösen eher Abneigungen und Argwohn aus. Ganz anders ist es bei Südländern und insbesondere bei Amerikanern (z. B. aus Texas und Kalifornien). Wie unterschiedlich gehen zum Beispiel Amerikaner, Deutsche, Russen und Italiener mit Kritik um! Im weiteren Verlauf werden wir das noch detaillierter besprechen.

- **von unserem Charakter**
Sanguiniker, Choleriker, Melancholiker und Phlegmatiker. Die Kenntnis dessen, wer wir und unsere Gesprächspartner sind, erleichtert uns die Kommunikation erheblich und steigert unsere Erfolgschancen, von anderen angenommen, akzeptiert und respektiert zu werden.

- **von unserem Geschlecht**
Männer und Frauen, Mars und Venus, Rationales und Emotionales, ein Wort und ein Wörterbuch.

Man sagt, wir sind alle Menschen und sind ähnlich, identisch und gleich(-berechtigt). Wirklich?

Eine kurze Frage habe ich in diesem Falle an Sie: Was würden Sie zu einem **Mann** sagen, welcher Folgendes über sich selbst zu berichten hat:

- 40 Jahre alt
- alleinstehend
- kinderlos
- Geschäftsführer eines erfolgreichen mittelständischen Unternehmens
- finanziell unabhängig

Und jetzt ist es kein Mann, sondern eine Frau. **Ist SIE eine erfolgreiche Person?**

Ein weiteres Beispiel:
Eine **Frau** beschreibt sich wie folgt:

- 40 Jahre alt
- verheiratet mit einem erfolgreichen Geschäftsführer eines mittelständischen Unternehmens
- 4 Kinder
- Hausfrau
- ehrenamtliche Trainerin beim heimischen Sportverein.

Wieder dasselbe Spiel, wir drehen den Spieß um: **Jetzt ist es ein Mann. Ihre Meinungen dazu?**

In Bezug auf Emotionen kann man die Geschlechtsunterschiede folgendermaßen kurz zusammenfassen:

♀	♂
• emotional	• sachlich
• eine größere Emotionsamplitude	• eine kleinere Emotionsamplitude
• langes Nachgrübeln	• geübt im Loslassen
• emphatisch	• geübt im Beherrschen von Emotionen
• zeigen Emotionen	• Pokerface
• kooperationsbereit	• wettbewerbsorientiert
• Angst vor sozialer Ausgrenzung	• Angst vor Misserfolgen

Ausnahmen bestätigen natürlich die Regel. Die aufgeführten Charakteristika berücksichtigen allgemeine Tendenzen und sind nicht für alle 100 % zutreffend.

Hier noch ein Paar *Witze* zum Thema. Sie übertreiben oft die Tatsachen, treffen jedoch oft den Nerv, bringen uns zum Schmunzeln und den (Um-) Denk-Prozess ins Rollen:

Meine Liebe, ich höre mir begeistert an, wie du schweigst. Mache weiter so!

- *Warum hat der liebe Gott zuerst den Mann und erst dann die Frau erschaffen?*
- *Damit sie ihn mit ihren Ratschlägen nicht verrückt macht.*

- *Jede Farbe hat ihre Bedeutung, mein Kind. Zum Beispiel ist Schwarz die Farbe der Trauer. Weiß – die Farbe der Freude.*

- *Ach so, deshalb sind Brautleute so gekleidet!*

Es klingelt das Telefon. Die Frau geht ran und redet 20 Minuten lang. Der Mann wundert sich: „Heute hast du dich aber kurzgefasst, wer war das?" „Ach, da hat sich bloß eine verwählt", erklärt die Frau.

Ein weiblicher Gedanke hat sich einmal in ein männliches Gehirn verirrt. Er wandert durch einen gähnend leeren Raum und findet niemanden. Plötzlich saust ein einziger männlicher Kollege an ihm vorbei. „Wo sind denn alle?", will er wissen. „Die anderen? Die sind alle unten", erklärt der Jogger.

Konflikte im Slow-Modus

Projektmanagement für Konfliktisch

Im nachfolgenden Kapitel nehmen wir einen verbalen „Schlagabtausch" genau unter die Lupe und erarbeiten ein Projektmanagement für unser persönliches Konfliktisch.

- *Waren Sie überhaupt in der Schule?*
- *Bei dieser Aussage muss ich gewaltig an Ihrem Verstand zweifeln!*
- *Man sieht, dass Sie nicht vorbereitet sind. Warum?*
- *Sie sind ja nur eine Assistentin!*

Egal wie geübt, vorbereitet, gut drauf oder gut erzogen wir waren, diese Sprüche gehen uns richtig nahe und lösen starke und nicht immer positive Emotionen bei uns aus. Es geht von null auf hundert und macht einen im ersten Moment richtig sprachlos. Ich meine es buchstäblich – die Puste geht aus, man spürt wahrlich das Blut zu den Händen fließen, die Zähne fangen an zu knirschen und die „nettesten" Ausdrücke im eigenen Repertoire machen sich auf der Zunge schon startklar.

Was sind Sie für ein …! Wie können Sie es wagen! Was geht Sie das an! Du, „netter" Mensch! Jetzt zeig' ich's dir! Und Sie, Sie haben noch nicht einmal ein Abitur! Ich bin nicht „nur" Assistentin!

Kommt Ihnen das bekannt vor? Sicherlich! Kampf oder Flucht. Ein Boxer oder unser kleines Mädchen werden wach und schmeißen mit ihren Macheten wutentbrannt um sich. Im Privatleben findet dieser Ärger seinen verbalen Ausweg. Im Beruf, also im Gespräch mit dem Chef, Kollegen oder Kunden, sperren wir den „Kämpfer" mit letzter Kraft ein und lassen ihn nur innerlich wüten. Als Folge kommt es zu kaputten Beziehungen, zum Imageverlust, zu

Magenschmerzen und einem schlechten Betriebsklima.

Mach' doch kein Fass auf! Du hast überhaupt
keinen Sinn für Humor! Sie sind nicht kritikfä-
hig! Was hast du bloß? Es war doch ein Scherz!
Du bist eine beleidigte Wurst!

So oder ähnlich klingen dann die Kommentare.
Nehmen wir diesen Wortwechsel kurz im
Slow-Motion-Modus genau unter die Lupe, und
zwar nach dem Kommunikationsquadrat von
Schulz von Thun[6]:

**A – der Angreifer; O – das Opfer (der Ange-
griffene)**

1. **A:** Waren Sie überhaupt in der Schule?
2. **O:** Wie können Sie es wagen ...!
3. **A:** Sie haben überhaupt keinen Sinn für
   Humor!

Angreifer (A)   Opfer (O)

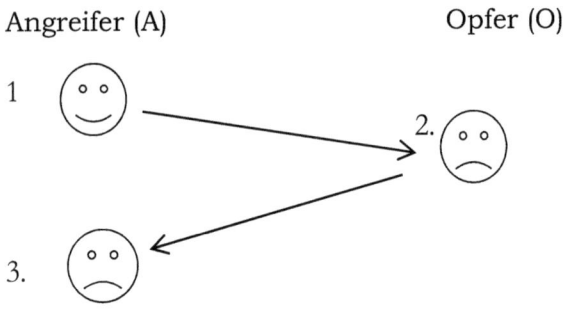

Abbildung 8. Ein Konflikt im Slow-Modus
(Eigene Darstellung)

1. Der Angreifer

Sachebene:
Sie sind ungebildet.
Appell:
Bilden Sie sich weiter!
Bedürfnisse:
Ich habe ein besseres Niveau
von Ihnen erwartet.
Beziehungsebene:
Wir sind auf demselben
Hierarchie-Level.
Wir sind Kollegen.

2. Das Opfer

Sachebene:
Ich bin nicht einverstanden,
bin wütend und
dulde diesen Ton nicht.
Appell:
Mehr Respekt bitte!
Bedürfnisse:
Ich erwarte mehr Respekt.
Ihre Aussage kränkt mich.
Beziehungsebene:
Wir sind auf demselben
Hierarchie-Level.

3. Der Angreifer

Sachebene:
Sie verstehen kein Spaß.
Appell:
Lachen Sie doch mit! Es
war lustig gemeint!
Bedürfnisse:
Ich wollte Sie testen.
Ich wollte nur Spaß haben.
Beziehungsebene:
Wir sind auf demselben
Hierarchie-Level.

Bitte beachten Sie, dass dies unsere Interpretation des Geschehens ist. Jeder hat natürlich seine Wahrheit, jedoch nicht DIE Wahrheit.

Bei der Aussage (dem Angriff):

Sie sind ja nur ein Assistent (eine Assistentin)!

sind mehrere Antwort-Variationen möglich. Alles hängt davon ab, ob Ihre Schwachpunkte dabei getroffen wurden. Je treffsicherer dieses „Schiffe Versenken" ausgeführt wurde, desto heftiger wird Ihre Reaktion ausfallen.

Die Anderen müssen nicht unbedingt die Absicht haben, Sie zu treffen; die Frage kann auch lediglich als eine sachliche Klärung/Feststellung gemeint sein.

Eigene Schiffe
(Schwachpunkte)

Schiffe des Gegners
(Schwachpunkte)

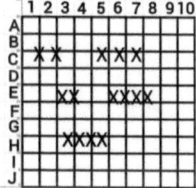
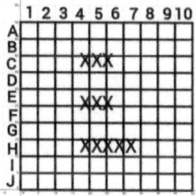

Abbildung 9. „Das Schiffe Versenken" bei der
Kommunikation (Eigene Darstellung)

Angenommen, Sie wären eine engagierte, ambitionierte Persönlichkeit, eventuell unzufrie-
den mit Ihrer Position im Schatten Ihres Chefs.
In diesem Zusammenhang wird diese Aussage
(„Sie sind ja nur ein Assistent") zum Trigger für
eine hitzige Reaktion und wird zum Ausstoß
von Kampfhormonen führen. Falls Sie jedoch
mit Ihrem Zustand zufrieden wären und in erster Linie den sachlichen Aspekt der Aussage
herausgehört hätten (die Angelegenheit liegt in
der Entscheidungskompetenz Ihres Vorgesetzten), wären Sie „nicht getroffen" und würden
auf diese Äußerung mit einem Nicken, der Zu-
stimmung reagieren.

Wenn Sie diesen Teufelskreis verlassen und
selbst bestimmen wollen, *wo*, *wie* und *wann*
Sie auf Kommentare reagieren, zeige ich Ihnen
vier mögliche Reaktionsarten, welche in jeder
Lebenssituation optimal verwendet werden
können. Sie selber wählen dann die für Sie, für

Ihre Situation, Ihre Persönlichkeit und Ihren Geschmack passenden Retourkutschen. Sie wissen schon, wie Sie normalerweise reagieren. Sie haben beschlossen, dies zu ändern, und Sie haben den Wunschzustand definiert. Sie wissen auch, warum Sie so reagieren, und wer dabei vermutlich daran beteiligt war (*„Die Physiologie unserer Entscheidungen"*, Thalamus und Amygdala). Diese Hintergrundinformationen sind sehr hilfreich, denn sie geben Ihnen genügend Sicherheit und machen Sie zum Herrn des Geschehens. Sie rennen dann nicht in einem ewigen Kreislauf von *Reiz und Reaktion* herum und überlassen nichts mehr dem Zufall. Wenn der Ablauf aus dem Unbewussten erst einmal in den Bereich des Bewussten gelangt, kann Sie das in die Lage versetzen, Ihre Reaktionen entsprechend zu ändern und sie zu steuern. Es ist ein unglaubliches Gefühl der Kontrolle. SIE sind der Boss und nicht Ihre chaotischen Gefühle. Im Gegenteil – Sie verbünden sich mit diesen und verwandeln sie in Ihr Kapital statt in etwas, was Ihnen im Wege steht.

Wer mit Projektmanagement Erfahrung hat, kennt sicherlich diesen Ablauf. Dabei sind drei Punkte zu beachten:

1. der Ist-Zustand,
2. der Soll-Zustand,
3. der Weg dorthin.

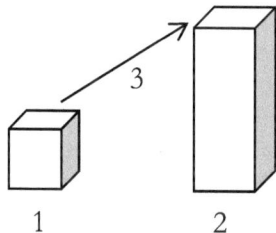

Abbildung 10. Konfliktlösungen / Projektmanagement
(Eigene Darstellung)

Über den Ist-Zustand haben wir schon ausführlich in den vorangegangenen Kapiteln diskutiert. Wie sollte unser Soll-Zustand sein?

In Kommentaren und in den Wunschvorstellungen meiner Kursteilnehmer sieht dies oft wie folgt aus:

„Ich will endlich etwas Witziges, Passendes, Schlagkräftiges zum Ausdruck bringen, sodass der Andere endlich seinen Mund hält!"

Wenn man es in einfaches Deutsch übersetzen sollte, heißt es so viel wie: *Ich will ihn/sie k. o. schlagen, mit Worten.* Sie verlangen somit nach einer der gefährlichsten und schmerzlichsten Technik, mit welcher Sie sich mit dem letzten *Banzai*, einem Schlachtruf der Samurai, auf den Angreifer stürzen.

Ist es wirklich das, was Sie wollen? Überlegen Sie sich doch einmal gründlich, ob danach wirklich die „Sintflut" kommen könnte. Nach einem Moment des Triumphs kommt auch ein Tag. (Sie wissen schon, was Samurai nach dem Gesichtsverlust mit sich anstellen.) Soll die

Beziehung dann noch weiterbestehen? Können Sie mit dem Menschen weiterarbeiten, leben? Denn wenn das nicht der Fall wäre, würde eine *schwere Pfanne* diese Aufgabe völlig zufriedenstellend erfüllen. Sie brauchen dann dieses Buch nicht mehr weiterzulesen. Falls *the day after tomorrow* (übermorgen) doch kommen würde/sollte und Sie weiterhin noch dieselbe Arbeitsstelle, denselben Chef, dieselben Freunde und Partner haben wollen, zeige ich Ihnen andere Möglichkeiten auf, wie Sie Genugtuung erlangen und die Beziehung aufrechterhalten bzw. sogar verbessern können.

Die energie- und ressourceneffizienteste, einfachste und oft am wenigsten zufriedenstellende Variante ist dabei

die **Maiko (Kleines Mädchen)-Reaktion.**

Was Sie dabei tun sollten, ist: schmollen, weinen, schweigen, sich rechtfertigen, ins Gewissen reden, sich unterordnen und einfach „die Gosch halten" (wie die Schwaben sagen).

Diese Methode hat ihre Existenzberechtigung – und warum auch nicht? Manchmal trägt sie reiche Früchte und zeigt schnelle und effektive Ergebnisse.

Ich biete Ihnen Beispiele an, wie Sie diese Methode eleganter und selbstbewusster gestalten und damit salonfähig machen können.

Die zweite Variante wurde auch schon kurz angesprochen – es ist

die **Judoka (Boxer)-Reaktion.**

Hier geht es um eine Kampf-Methode. Und wenn Sie früher ein Hobby-/Straßen- oder Gelegenheits-Kämpfer waren, zeige ich Ihnen einige professionelle Griffe und ein paar Positionen/Stellungen, welche Ihnen auch in vermeintlich sicheren K.o.-Situationen den unerwarteten Sieg und Ruhm oder auch nur das nackte Überleben sichern werden. Judoka nennt man einen Judokämpfer. Er benutzt auch die bewährten Jiu-Jitsu-Techniken, jedoch ohne ihre gefährlichen und schmerzhaften Anteile.

Manchmal geht es einfach nicht anders. Nicht alle verstehen Sie und wissen Ihren guten Willen, Ihre gute Erziehung und Ihre guten Absichten zu schätzen. Es ist so, wie man sagt: „Auf einen groben Klotz gehört ein grober Keil."

Mit Wölfen muss man wölfisch sprechen. Kätzisch werden sie nicht verstehen.

Seien Sie dabei. Wir üben das im weiteren Verlauf dieses Buches noch ausführlich.

Zu den eher schlagfertigen Reaktionen gehört dabei

die **Taikomochi (Clown)-Reaktion**.

Bei dieser Technik sprechen wir von einer witzigen, geistreichen, humorvollen und selbstbewussten Antwort, die die Angriffe auf Sie wie einen Tennisball von Ihnen abprallen lässt und Ihnen den Applaus und die Sympathien der Zuschauer beschert.

Und last but not least gibt es

die **Geisha (Geschäftsmann)-Reaktion**.

Dies ist eine sachliche, pragmatische, nüchterne und sehr geschäftstaugliche Taktik. Sie hilft Ihnen dabei, Ihre Emotionen abzukühlen und das Gespräch auf den ursprünglich von Ihnen angenommenen Kurs zurückzuführen. Sie ist insbesondere im Berufsleben unerlässlich, sowohl in Besprechungen als auch im Umgang mit dem Chef, den Kollegen und Kunden. Ich zeige Ihnen ein paar elegante Lösungen, die Sie leicht in Ihr alltägliches Repertoire aufnehmen und praktisch einsetzen können. Diese bescheren Ihnen eine unglaubliche Genugtuung, ein besseres Empfinden und Selbstbewusstsein sowie Erfolg im Allgemeinen.

Zusammengefasst, sind es vier Reaktionsweisen, also vier Prinzipien:

- **Das Maiko-Prinzip**
- **Das Judoka-Prinzip**
- **Das Taikomochi-Prinzip**
- **Das Geisha-Prinzip**

Wenn diese Begriffe für Sie unaussprechlich erscheinen, biete ich Ihnen europäische Äquivalente dazu an:

- **Das Kleines-Mädchen-Prinzip**
- **Das Boxer-Prinzip**
- **Das Clown-Prinzip**
- **Das Geschäftsmann-Prinzip**

Drei von vier vorgestellten Prinzipien haben einen „Geisha"-Ursprung:

Maiko – ein Geisha-Lehrling,
Taikomochi – eine männliche Geisha,
und die *Geisha* selbst.

Somit wird die entscheidende Bedeutung des letzten Prinzips (des *Geisha-Prinzips*) endlich eindeutig.

Jedes Prinzip ist dabei in Subkategorien unterteilt (insgesamt belaufen diese sich auf zwölf).

Von Geburt an sprechen wir nicht nur eine Sprache: z. B. Deutsch, Englisch, Französisch, Russisch, je nachdem, wo wir aufwachsen. Es sind immer mindestens zwei davon (Konfliktisch eingerechnet). Und wenn wir in der Schule weitere Feinheiten, wie das Lesen und Schreiben in der Muttersprache, erlernen, bleibt Konfliktisch oft in den Kinderschuhen stecken. Erst im Erwachsenenalter, durch Bücher und Seminare, wird uns diese Wissenslücke wieder bewusst. „Wie konnte ich nur ohne diese ‚Grammatik' leben! Wie einfach und anders wäre einiges verlaufen, wenn ich dieses Wissen nur vorher gehabt hätte!"

Diese Prinzipien bieten Ihnen ein herrliches Gefühl und große Sicherheit an: Von einem (talentierten) Amateur verwandeln Sie sich in einen sicheren und erfolgreichen Profi; Sie werden nicht länger nur *reagieren*, sondern bewusst *agieren* und je nach Situation und Ihrer Intention entscheiden und handeln.

Ich wünsche Ihnen viel Spaß beim Lesen und Lernen!

Zehn Techniken zur Selbstbeherrschung, zu einer positiven inneren Einstellung und zur Kreativität

Auf die Technik kommt es an.

In diesem Abschnitt finden Sie eine lehrreiche japanische Legende über die Bedeutung der Selbstkontrolle für den Erfolg im Leben.

Der Legende nach lebte einmal im fernen Japan ein Kaiser, der sein Land weise, geschickt und gerecht regierte, von seinem Volk geliebt und von den Nachbarstaaten geachtet und gefürchtet wurde. Nur eine einzige Sorge bereitete ihm ständigen Kummer und Schmerz. Das war sein Sohn, sein Nachfolger, sein Herzblut. Der Prinz war verwöhnt, launisch, ungeduldig und nicht imstande, seine Wutanfälle im Griff zu behalten. Jeder andere Mensch würde diese Eigenschaften als unangenehm und lästig bezeichnen, für einen zukünftigen Landesherrscher jedoch waren es Charakterzüge, welche katastrophale Folgen für das ganze Kaisertum haben konnten. Aus diesem Grunde schickte der Kaiser den Prinzen zu einem weisen Mann, der ihm die Kunst der Selbstbeherrschung und Weitsicht beibringen sollte.

Der Weise, ein Mönch, reichte dem jungen Mann als Erstes einen Hammer und eine Kiste voller Nägel und zeigte auf einen Baumstamm, der auf dem Boden lag. „Jedes Mal, wenn dich deine Wut überkommt, schlage einen Nagel in diesen Baumstamm ein. Wenn der Tag kommt, an dem du keine Nägel mehr einschlägst, komme wieder zu mir", erklärte ihm der Lehrer und ging fort. Eine Woche verging, und die Aufgabe wurde erledigt. Der Lehrer lobte den Prinzen und forderte ihn weiter heraus. „Und jetzt, mein Sohn, hole jedes Mal einen der Nägel aus diesem Stamm heraus, wenn du es vermagst, deine Wut in Schach zu halten und den Sturm in deinem Herzen zum Erliegen zu bringen.

Wenn keine Nägel mehr im Baum stecken sollten, komme wieder zu mir", erklärte ihm der Mönch und entfernte sich. Dieses Mal dauerte es einen Monat, bis der Prinz seine Aufgabe erfüllt hatte und keine Nägel mehr zu sehen waren. „Ich habe es geschafft, Meister! Der Baumstamm ist wieder frei, meine Wutanfälle habe ich endlich im Griff!", verkündete der Prinz voller Stolz. „Dies ist eine wahre Leistung", bestätigte der Lehrer. „Jedoch – schaue dir jetzt einmal diesen Baumstamm an! Obwohl jetzt ohne Nägel, bleibt er doch ein für alle Mal durch die unzähligen Löcher und Schrammen, stumme Zeugen deiner Zornesausbrüche, entstellt. Nie wieder wird er derselbe sein wie vorher ... Ähnlich ist es mit der menschlichen Seele! Jede Verletzung, jeder Streit, jedes böse Wort hinterlassen Spuren an ihr. Die Zeit und unsere Reue können sie zwar heilen, sie sind jedoch nicht in der Lage, ihre Schrammen zum Verschwinden zu bringen. Wie früher wird sie nun nie wieder sein, mein Sohn", erklärte der weise Mann. „Und jetzt zeige ich dir zehn Techniken, die dir dabei helfen, die Wut schon im Keime zu ersticken, den Kopf abzukühlen und deinen Gedanken Weisheit zu verleihen ..."

Wären Sie gerne bei diesem Unterricht dabei gewesen? Möchten auch Sie diese Techniken erlernen? Was wäre, wenn Sie über dieses Wissen schon viel früher verfügt hätten? Wären Sie vielleicht immer noch bei derselben Arbeitsstelle, mit denselben Freunden, Partnern usw. zusammen, wenn Sie nicht so voreilig gehandelt und so viel Unvorsichtiges gesagt und getan hätten? In diesem Abschnitt finden Sie

diese zehn bewährten Techniken: ganz einfach,
ganz alt und leider oft außer Acht gelassen.

Zehn Techniken zur Selbstbeherrschung, zu einer positiven inneren Einstellung und zur Kreativität

1. Das tiefe Ein- und Ausatmen
2. Die mentale Vor-Einstellung
3. Das sichere Auftreten
4. Das hohe Selbstwertgefühl
5. Der Female King
6. Das Kanon-Sprechen
7. Das Sprüche-Repertoire
8. Backstage-Kenntnisse
9. Die emotionale Intelligenz (EI)
10. Die Konfliktisch-Praxis

1. Das tiefe Ein- und Ausatmen

Ohmmm ...

Schlagfertigkeit ist etwas, worauf du erst
24 Stunden später kommst.
Mark Twain

Die Strategie ist einfach und extrem wirkungsvoll: Wenn wir gestresst sind, und eine Konfliktsituation ist ein enormer Stress für uns, schaltet sich automatisch unser archaisches Alarmsystem ein (s. das Kapitel „Die Physiologie unserer Entscheidungen"); unser „emotionales Gehirn" wird aktiviert und reagiert schnell, jedoch meistens ungenau. Kampf oder Flucht stehen auf der Tagesordnung und überschatten alle logischen Erklärungen.

Grafisch könnte man es folgendermaßen darstellen:

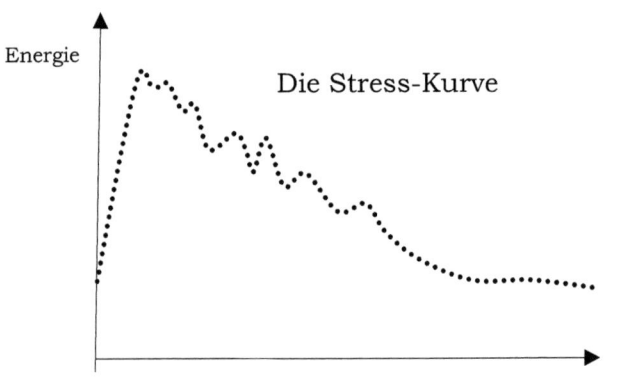

Abbildung 11. Die Stress-Kurve
(Eigene Darstellung)

In den ersten Sekunden schießt die Energie buchstäblich an die Decke. Unser Selbsterhaltungsmechanismus mobilisiert alle Kräfte und macht uns zum Schlagen oder zum Wegrennen bereit. Nach einer kurzen Zeit erreicht der Impuls unser „rationales Gehirn" und wir gelangen langsam in den normalen, (rationalen) handlungsfähigen Bereich. Der Nebel im Kopf verflüchtigt sich, wir kommen langsam zur „Besinnung".

... Ich wurde sprachlos vor Wut und mir fiel keine passende Reaktion ein. Zu Hause, als ich das Gespräch in Gedanken noch einmal durchspielte, kamen mir schlagfertige und würdevolle Antworten in den Sinn. Leider zu spät. Ich rege mich immer noch über mich selber auf.

Kommt diese Situation Ihnen bekannt vor? Spannend, nicht wahr? Wir haben selbst die Lösung für die meisten Lebenslagen und Herausforderungen! Die Problematik dabei ist ihre ständige Verspätung.

Am besten ist es, Sie schlafen darüber, legen eine Kaffee-Pause ein, unternehmen einen kleinen Spaziergang, gehen in einen leeren Raum oder boxen sich durch die Gegend. Lenken Sie sich ab!

Die meisten Situationen erfordern jedoch unsere sofortige Reaktion. In so einem Falle geben Sie sich ein paar Minuten Zeit und zählen innerlich bis drei:

Eins, zwei, drei ... meine Wut ist jetzt vorbei,

oder so was Ähnliches und Verrücktes ;-).
Probieren Sie es aus! Sie werden sicherlich eine
Erleichterung verspüren.

2. Die mentale Vor-Einstellung

Let`s agree to disagree

Stellen Sie sich vor, Sie führen eine Präsentation vor einer Gruppe durch und ein Teilnehmer kommentiert Ihre Arbeit wie folgt:

„Ihre Ausführungen sind langweilig und spannungslos. Haben Sie sich schlecht vorbereitet oder haben Sie einfach kein Talent dazu?"

Oh, das sitzt, nicht wahr? Explizit zu Besonderheiten von öffentlichen Reden kommen wir in einem anderen Abschnitt. Heute präsentiere ich Ihnen die folgende Technik:

Machen Sie von Ihrer Fantasie Gebrauch: Vor Ihnen sitzt kein Erwachsener (ein Kollege oder Kunde), sondern ein **Kind, welches einfach gealtert ist**. Betrachten Sie sich seine Augen, seinen Mund und seine grauen Haare genau. „Wie war er wohl als Kind, dieser Lausebengel? Was würden Sie mit ihm machen, wenn er damals so etwas zu Ihnen gesagt hätte? Dem würden Sie mal richtig ‚die Ohren lang ziehen' oder ihm ruhig erklären, dass Sie ein derartiges Verhalten von ihm nicht dulden. Das würden Sie ruhig und selbstbewusst sagen. Doch ist dieser Knabe alt geworden. Was will er mir überhaupt sagen? Ihm fehlt wohl meine Aufmerksamkeit."

Spüren Sie schon, wie Ihr Ärger langsam verschwindet und Platz für *Mitleid*, *Interesse* und *Humor* macht? In diesem Zustand können Sie ganz anders reagieren und Paroli geben. Ich wette, Ihre Antworten sind jetzt viel wohlwollender und sachlicher. Stimmt's oder habe ich recht? ;-)

Einige Ratgeber empfehlen, sich den Gesprächspartner nach solchen Verbal-Attacken *nackt* vorzustellen. Ich würde Ihnen davon dringend abraten. Denn wie fühlt sich ein entblößter Mensch? Er schämt sich, fühlt sich ertappt und gedemütigt. Ihr Gegenüber wird intuitiv Ihre Gedankengänge spüren und sich automatisch aggressiv, distanziert und verteidigend verhalten. Das wiederum ist keine passende Atmosphäre für ein konstruktives und produktives Gespräch!

Rufen Sie sich stattdessen die Erkenntnis ins Gedächtnis, dass es drei Arten von Wahrheiten gibt: meine Wahrheit, deine Wahrheit und DIE Wahrheit. Jeder hat das Recht auf seine persönliche Meinung. *Let's agree to disagree.* „Wollen wir uns darauf einigen, dass wir uns uneinig sind." Sie müssen nicht jedem gefallen.

Bedenken Sie zudem, dass es allerlei *persönliche Gründe von dem Angreifer selbst* sein können:
Ältere Konflikte mit Ihnen, welche er durch diesen Zwischenruf zum Ausdruck bringen möchte, oder ganz einfach schlechte Laune oder der Neid auf Ihre Leistungen. Möglich auch, dass er versucht, Aufsehen zu erregen bzw. Ihre Aufmerksamkeit zu gewinnen oder Sie zu provozieren, um Sie zu testen.

Lassen Sie sich nicht aus der Ruhe bringen. Holen Sie tief Luft (wie in der Technik oben beschrieben) und entscheiden Sie ganz nüchtern, ob Sie darauf reagieren wollen oder ob Sie es einfach überhören sollten.

3. Das sichere Auftreten

Wie wir uns sehen – nur das zählt.

Je sicherer und selbstbewusster wir erscheinen, desto kleiner ist die Wahrscheinlichkeit, Opfer von Verbalangriffen und heftigen Konfrontationen zu werden.

Ich schlage Ihnen ein Experiment vor:

Stellen Sie sich vor: Sie haben schlecht geschlafen, standen heute Morgen fast eine Stunde im Stau und haben, kaum im Büro angekommen und den üblichen Kaffee noch nicht intus, schon eine derartige Begrüßung erhalten:

Wie sehen Sie denn heute aus?

Und jetzt kommen Ihre Varianten ins Spiel:

- Es ist die neue Praktikantin.
- Es ist Ihr Kollege und Freund.
- Es ist Ihr Chef (von Ihnen geachtet/gefürchtet).

Bei wem würde Sie voraussichtlich Ihren Frust ablassen und Ihre „unverblümte" Meinung zu dem „netten" Morgengruß äußern? Die Chance, dass es Ihr Chef sein könnte, liegt höchstwahrscheinlich bei unter zehn Prozent. Und warum? Es könnte negative Konsequenzen für Sie haben – denn der Kräftevorteil läge eindeutig auf der anderen Seite. Somit würden Sie höchstwahrscheinlich Ihren ganzen Willen einsetzen, all Ihr rhetorisches Repertoire blitzschnell nach einer passenden Lösung absuchen und zum Beispiel wie folgt erwidern:

- Ja, es war wieder so ein Morgen heute!
- So ein Stau heute!
- Sieht man es so deutlich?

Wie es im lateinischen Spruch so schön heißt:

> *Quod licet Jovi, non licet bovi.*
> *(Was dem Jupiter erlaubt ist, ist*
> *dem Ochsen nicht erlaubt.)*

Wichtige Personen mit einem höheren Status sowie selbstbewusste Persönlichkeiten haben einige Privilegien, und dies definitiv auch in Konfliktsituationen.

Verhalten Sie sich so, als wären Sie einer von ihnen! Fangen Sie dabei mit Ihrer Körpersprache an. Somit haben Sie einigen Ärger schon a priori vom Hals.

4. Das hohe Selbstwertgefühl

- Was willst du werden,
  wenn du groß bist?
- Eine Primaballerina na-
  türlich!

Leichter gesagt als getan! Das ist richtig. Es wäre schön, einen Zauberstab herauszuholen und:

Eins, zwei, drei ... mein Selbstwertgefühl ist jetzt einwandfrei! Hex, hex!

oder so etwas Ähnliches auszusprechen.

Jedoch können Sie mit diesem Spruch und dieser Vorstellung schon einmal anfangen. Es gibt heutzutage eine ganze Reihe von Büchern und Videos zu diesem Thema. (Alles ist gut, wenn es eine positive Wirkung und die gewünschten Ergebnisse erzielt.) Aus den Erfahrungen von vielen bekannten Persönlichkeiten (Sportlern, Psychologen, Politikern) und aus von mir selbst erprobten und praktizierten Techniken kann ich Ihnen dazu eine kurze Auswahl vorschlagen:

- *Werden Sie Ihr bester Freund und nicht Ihr bester Kritiker* (das erledigen schon andere meisterhaft).
- *Vergleichen Sie sich mit Ihrem Ich-von-früher* und nicht mit anderen (es gibt immer jemanden, der besser ist als wir; eine aussagekräftige Vergleichsbasis sind jedoch nur wir selbst).
- *Führen Sie Erfolgstagebücher* (was habe ich heute Tolles/Faszinierendes geleistet – es muss nicht jeden Tag eine Master-

Arbeit geschrieben werden – ich habe einen Kunden überzeugt; Geld für das Projekt gespart; den inneren Schweinehund überwunden und gejoggt ;-) – das ist genau das, wovon ich spreche).

- *Loben Sie sich bei Erfolg* für Ihre Leistung.
- *Loben Sie sich bei Misserfolg* für Ihren Mut und die wertvolle Erfahrung, die Sie gewonnen haben.
- *Umgeben Sie sich mit optimistischen Menschen*, die Sie unterstützen.
- *Treiben Sie Sport* (so setzen Sie Ihre Glückshormone frei und werden selbstbewusster und sicherer).
- *Verbringen Sie Zeit mit (Ihren) Kindern*, toben und spielen Sie mit ihnen.
- *Probieren und wagen Sie Neues!*
- *Egal, was kommt, es ist für uns zum Besten!*

Wir haben oft Großes vor und versuchen dabei, *„positiv zu denken"* (das predigt man auf Schritt und Tritt heutzutage), ermutigen uns jeden Morgen durch allerlei positive Mantras: „Ich schaffe es! Ich bin schlagfertig! Das gelingt mir! Ich bin selbstbewusst! Ich kann mich immer durchsetzen!" Und im Inneren spricht eine leise und enorm einflussreiche Stimme: „Blödsinn! Das glaubst du doch selber nicht! Wir sind nicht intelligent, reich, gebildet, dünn, schön, jung ...! Du veräppelst Dich doch selber!" Kein Wunder, dass in Wirklichkeit nichts geschieht. Alles bleibt beim Alten und wir resignieren schlussendlich.

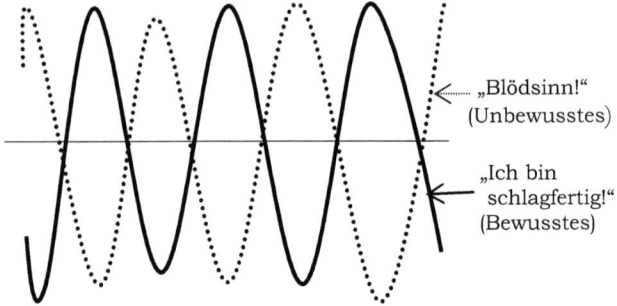

Abbildung 12. Bewusstes und Unbewusstes/
Positives Denken (Eigene Darstellung)

Probieren Sie es auf eine elegante und smarte Art: mit *hypnotischen Mustern*[7], den entsprechenden Bildern und Gleichnissen. Diese sind „sanfter" und können von unserem kritischen „Türsteher" im Kopf besser akzeptiert und durchgelassen werden.

Jeden Tag werde ich ein Stück entspannter und schlagfertiger! Was ich noch nicht beherrsche, kann ich sicherlich lernen! Wer nichts unternimmt, dem passieren auch keine Fehler. Fehler sind eine wertvolle Erfahrung.

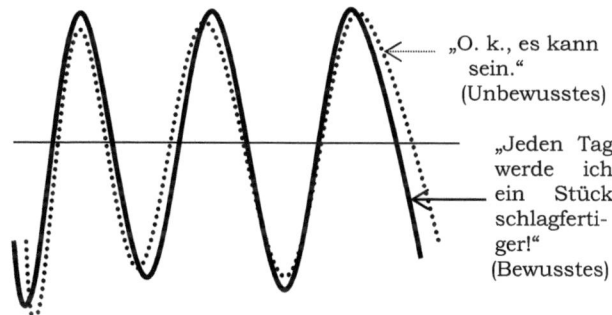

„O. k., es kann
sein."
(Unbewusstes)

„Jeden Tag
werde ich
ein Stück
schlagferti-
ger!"
(Bewusstes)

Abbildung 13. Bewusstes und Unbewusstes/
Hypnotische Sprachmuster (Eigene Darstellung)

Sehr effektiv sind auch verschiedene seriöse
Hypnose-CDs, welche Ihnen in Ihrem Dämme-
rungszustand (kurz vorm Einschlafen und Auf-
wachen) zu mehr Vertrauen, Selbstbewusstsein und innerer Entspannung verhelfen. Der-
zeit kann man diese zu den verschiedensten
Themen erwerben: „Bei Lampenfieber", „Beim
Vorstellungsgespräch", „Bei übermäßigen Sorgen" und bei vielen anderen Themen.

5. Der Female King

Keine Angst vor Fehlern!

Blicke in dich. In deinem Inneren ist eine Quelle,
die nie versiegt, wenn du nur zu graben verstehst.
Marc Aurel

„Ich bin nicht kreativ! Mir fällt nichts ein! Das kann ich nicht. Das liegt mir nicht."

Sagen Sie das auch? Keine Angst, Sie sind in guter Gesellschaft. Unsere Ideen sind wie scheue Rehlein – kaum nach ihnen gerufen, so verschwinden sie sofort in den Katakomben unserer „grauen Zellen". Wie kann man sie anlocken, beruhigen und zähmen?

Schaffen Sie eine positive und sichere Umgebung, bringen Sie ihnen Leckerlis, treten Sie sanft und leise auf. Ihre Einfälle sind nämlich ängstlich, jedoch sehr neugierig, und sie kommen mit der Zeit schon von selbst an die Oberfläche. Nur keine lauten Geräusche, keinen Druck und keine Hast! Haben Sie bitte Geduld mit ihnen!

Wie beim Fahrradfahren – treten Sie einfach in die Pedale, nur so kommen Sie vorwärts!

Sie müssen anfangen; es tun, es ausprobieren. Ihr Gemütszustand ist dabei extrem wichtig; vergessen Sie für einen Moment lang, dass Sie ein rational denkender, ernster und vernünftiger Erwachsener sind. Sie dürfen es vergessen! Wenigstens ab und zu. ;-)

Fangen Sie mit den hier vorgeschlagenen Standard-Lösungen an; wiederholen Sie diese, reden Sie darüber mit Ihren Freunden und Kollegen! Sie werden sehen, was für kreative und faszinierende Lösungen Ihnen selber dabei einfallen!

Hier noch ein paar Tipps für mehr Kreativität in der Sprache:

- Organisieren Sie Spieleabende mit Freunden (verrückte Ratespiele: Tabu, Pantomime, allerlei Rätsel).
- Erfinden Sie Geschichten für (Ihre) Kinder (das lieben sie und auch für Sie wird es ein Riesenspaß sein).
- Entschlüsseln Sie allerlei Abkürzungen auf eine witzige, unkonventionelle Art. Einige Beispiele:
  AEG – am Eigensinn gescheitert;
  AZUBI – allzeit zu Unfug bereites Individuum, **DRK** – dich rettet keiner,
  FIAT – fehlerhaft in allen Teilen)
- Lesen Sie Witze-Bücher
- Besuchen Sie entsprechende Seminare

In meinen Seminaren höre ich oft solche Aussagen von Gästen: „Ich bin gut erzogen. Ich bin nicht schlagfertig. Ich habe kein Talent dazu." Im Verlauf des Trainings machen wir allerlei Übungen, und plötzlich kommen die Teilnehmer auf faszinierende Ideen; ihre Augen leuchten, sie haben Spaß und die Einfälle sprudeln buchstäblich aus ihnen heraus. „Es ist so einfach! Ich kann es!", sagen Sie schließlich erstaunt und überrascht.

Haben Sie keine Angst, Fehler zu machen.

Passend dazu möchte ich Ihnen eine kleine *Anekdote* aus meiner Studienzeit erzählen:

Als Austauschstudenten waren wir in Belgien unterwegs und kamen eines Tages mit einheimischen Studierenden ins Gespräch. Dabei ging es um das belgische Königshaus. (Am Rande muss man erwähnen, dass unser Gespräch in der Lingua Franca der internationalen Business-Community, also in Englisch, abgehalten wurde, da wir nicht der französischen, unsere Gesprächspartner aber nicht der deutschen Sprache mächtig waren.)

„Wie in England, Dänemark und Norwegen haben wir einen König und eine Königin", erklärte unser Freund. Dabei fiel ihm das englische Wort für „die Königin" (the queen) nicht ein. Ohne mit der Wimper zu zucken, verkündete er stolz:

„We have a king and a *female king* in Belgium."

(Wir haben einen König und einen weiblichen König in Belgien.)

„Ein weiblicher König"! Das war eine richtig kreative Lösung des Problems und der Lacher des Abends. Eine wahrhaft schlagfertige Reaktion!

Kreieren Sie Ihren „weiblichen König" und werden Sie selbstbewusst, kreativ und schlagfertig!

6. Das Kanon-Sprechen

Bruder Jakob, schläfst du
noch?

Ich weiß, dass ich nichts weiß.
Sokrates

Unser aktiver Wortschatz setzt sich aus Begriffen zusammen, welche wir selbst mindestens einmal pro Jahr aussprechen; er beläuft sich auf etwa 3.000 Wörter. Das passive Vokabular dagegen ist ungefähr zehn Mal so groß (je nach Bildungsniveau: 10.000 bis 100.000 Wörter), dazu gehören Ausdrücke, welche wir verstehen, jedoch fast nie aussprechen, z. B. Adoleszenz, Koloskopie, Fluxkompensator, koaxial, Eloquenz u. a. Und die deutsche Sprache als Ganzes ist hundert Mal größer als unser aktiver Wortschatz (je nach Quelle: 300.000 bis 500.000 Wörter). Wie Sie sehen, ist das Verhältnis nicht linear, sondern exponentiell.

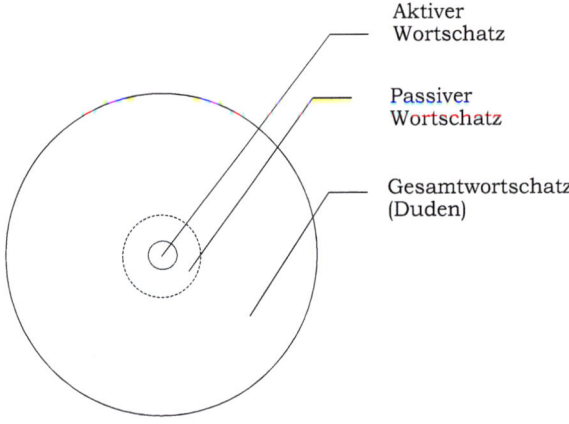

Abbildung 14. Unser Wortschatz (Eigene Darstellung)

Dass in Stresssituationen ein reicher aktiver Wortschatz ein wirkungsvolles Instrument sein kann, wissen Sie selber.

Wie aktiviert und erweitert man sein Vokabular?

- Wie lernen wir schwimmen?
- Wir gehen ins Schwimmbad und praktizieren es.
- Wie lernen wir kochen?
- Wir probieren immer neue Rezepte, wir kochen, braten und schmoren.

Genauso ist es mit der Sprache, mit unserem Wortschatz: Hier ist die Praxis angesagt – reden, reden und noch mal reden.

- *Lesen Sie* Zeitungen, Fachzeitschriften, anspruchsvolle Texte und Bücher, am besten laut;
- *geben Sie* dann *den Inhalt* des Gelesenen *wieder;*
- *erweitern Sie Ihre Synonymen- und Antonymen-Reihen* (geizig, sparsam, profitorientiert; Sekretärin, Assistentin, „rechte Hand", graue Eminenz; alt – jung, frisch; langweilig – spannend, fesselnd usw.);
- *besuchen und spielen Sie selbst Theater;*
- *führen Sie Tagebuch,* erfinden Sie Geschichten;
- *lösen Sie Kreuzworträtsel;*

- *erweitern Sie Ihren Horizont,* lernen Sie neue Themen, Menschen und Länder kennen.

Beim Dolmetschen existieren zwei Übersetzungsmodi: *konsekutiv* und *simultan.* Der erste Modus ist zeitversetzt – Sie kennen das aus verschiedenen Sprachkursen. Ein Ausdruck, ein Satz wird (in der Herkunfts-/Ausgangssprache) vorgesagt, im Anschluss erfolgt die Übersetzung (in die Zielsprache). Beim zweiten Modus (dem Simultandolmetschen) wird fast gleichzeitig mit dem Originaltext gesprochen. Das erinnert an das Kanon-Singen (**Kanon-Sprechen**), es erfordert eine hohe Konzentration, ist sehr schnell und effektiv. Probieren Sie es auch in Ihrer Muttersprache: Sprechen Sie Kanon mit Nachrichtenmoderatoren (im Fernsehen, im Radio oder mit dem Sprecher eines Hörbuchs).

In der heutigen Zeit, in der wir mit Aufgaben und Pflichtterminen überhäuft werden, ist Zeit unsere kostbarste Ressource. Diese Übungen können Sie bequem und ohne zusätzlichen Zeitaufwand durchführen: zu Hause (beim Fernsehen, beim Erledigen von Haushaltsarbeiten oder bei der Gartenarbeit) und unterwegs (beim Joggen, beim Auto-/Zugfahren etc.). Vergeuden Sie diese wertvolle Zeit nicht! Hören, **sprechen Sie Kanon** und bilden Sie sich weiter!

7. Das Sprüche-Repertoire

Eine gute Vorbereitung ist
die halbe Miete.

Der Scherz in der Rede ist wie das Salz in der Suppe.
Aus Arabien

In ersten Kapiteln haben wir schon über die Bedeutung des emotionalen Zustandes der jeweiligen Gesprächspartner ausführlich diskutiert. Witze sind dabei oft die besagten Blitzableiter, welche in Nullkommanichts unsere Stimmung zu 180 Grad umzudrehen vermögen. Sie verhelfen zu einer sicheren „Entladung" überhitzter Gemüter, zeigen unaufdringlich die Kehrseite der Medaille und versetzen uns in einen produktiven und wohlwollenden Modus.

Witze sind perfekte Starter, Lückenbüßer, *Earcatcher* (Ohrenfänger) und Friedenstifter. Man kann sie auch ideal bei „trockenen" und mit Fachbegriffen gespickten Vorträgen einsetzen, um die Aufmerksamkeit der Zuhörer wieder auf das Thema zu lenken.

Unser Philosophieprofessor pflegte uns immer zu ermahnen, wenn wir bei Vorlesungen abgelenkt und unaufmerksam wurden: „Passen Sie besser auf, sonst werden Sie dies bei der Prüfung noch *sauer aufstoßen* müssen!"

Dieser Vergleich hat uns jedes Mal aufgeheitert und im Handumdrehen unsere Konzentration gesteigert.

Viele beklagen ihr schlechtes Gedächtnis für Witze und Sprüche. „Ich kann sie mir einfach nicht merken", beschweren sich viele. „Sie gehen bei mir einfach rein und raus!" Gut, dann schreiben Sie sich diese einmal auf, wenigstens ein paar Stichworte. Zuerst zwei bis drei, später ein Dutzend – im weiteren Verlauf bilden Sie davon thematische Gruppen und erfinden Ihre eigenen – je nach Situation. Lesen Sie Witzebücher, abonnieren Sie dazu passende Seiten, zum Beispiel in sozialen Netzwerken: Jeden Tag bekommen Sie somit einen witzigen Spruch, einen weisen Gedanken, einen coolen Ausdruck, der Sie aufheitert, Ihr Repertoire bereichert und Ihr Selbstbewusstsein stärkt.

Das Wichtigste dabei: **Üben Sie bei jeder Gelegenheit,** würzen Sie damit Ihre täglichen Unterhaltungen, Erzählungen und Vorträge. Zuerst etwas holprig, ungeschickt und eventuell ohne die ersehnte Lacher-Explosion bei den Empfängern. Was soll's! Übung macht den Meister! Wer will, der findet Möglichkeiten, und wer nicht will, der findet Ausreden. So heißt es doch.

SIE sind dabei wichtig. Lachen Sie selbst über Ihre Patzer.

Das war wieder so ein gelungener Spruch von mir. Nächstes Mal mache ich's besser. Versprochen!

8. Backstage-Kenntnisse

Hereinspaziert!

Zu wissen, „wieso" und „warum", hilft unserer Handlungsfähigkeit enorm auf die Sprünge. Auf den ersten Blick erscheint den „Anfängern", die die „Meister" beim Ausführen ihres Handwerks beobachten, diese Kunst als eine göttliche Gabe, Millionen Lichtjahre von ihnen selbst entfernt. Somit resignieren sie und unternehmen nicht einmal minimale Versuche, um sich diese Fertigkeit anzueignen.

Beethoven wurde eines Tages gefragt, ob es schwierig sei, Musikstücke zu komponieren. „Im Gegenteil", antwortete das Genie. „Es ist ganz einfach. Man muss nur die richtigen Tasten treffen."

Mit Konfliktisch sprechen ist es genauso: Sie müssen nur die richtigen Worte finden.

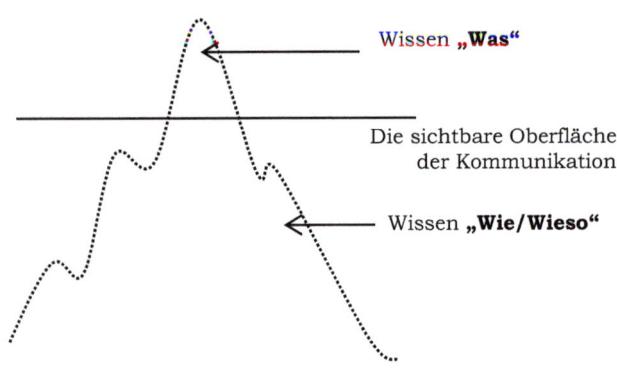

Abbildung 15. Der Konfliktisch-Eisberg[8]
(Eigene Darstellung)

Die ausgesprochenen Worte bilden dabei die Oberfläche unseres Kommunikations-Eibergs[8]. Wobei der unsichtbare, größte und bedeutende Part in den meisten Fällen versteckt und dem Auge und Ohr des Gesprächspartners entzogen bleibt. Da sind die Fragen nach dem „Wieso und Warum" in der Konversation: unsere Interpretationen des Gesagten, unsere emotionalen Trigger (Auslöser), persönliche Erfahrungen, (Vor-)Geschichten usw.

Die sind der Grund, warum wir nicht gleich mit Standard-Antworten und der „Grammatik" beginnen, sondern in erster Linie für einen passenden fruchtbaren Aufnahmeboden und eine aufgeklärte Umgebung sorgen. Wir holen zuerst diesen wichtigen Teil an die sichtbare Oberfläche.

Dieses Thema ist nicht neu. Schon zu Sokrates' Zeiten hat man ein solides Gerüst für *Konfliktisch* erarbeitet. Und trotzdem wird diese internationale Sprache selten und immer öfter durchaus amateurhaft praktiziert.

Ähnlich wie mit dem Englischen ist es für die meisten von uns einfacher, die Muttersprache (Deutsch) untereinander zu benutzen (wie immer, wie gewohnt). Nur in Notfällen – niemand außer uns spricht und versteht Deutsch – überwinden wir uns sowie unsere Bequemlichkeit und unser Streben nach Perfektion und artikulieren uns auf Englisch, auf Kreativisch, auf Konfliktisch.

Trauen Sie sich, lernen und üben Sie diese internationale Sprache! Davon können Sie nur profitieren!

9. Die emotionale Intelligenz

Das Gelbe vom Ei

Kurz erklärt ist es **eine Fähigkeit, eigene und fremde Emotionen zu erkennen, zu kontrollieren und in Richtung der eigenen Ziele zu lenken.** Im Vergleich zum Intelligenzquotienten (IQ), einer genetisch bedingten Ansammlung von Talenten und Fertigkeiten (wozu hauptsächlich Rechnen, Lesen, Schreiben und analytisches Denken zählen), hat der EQ eine viel größere Aussagekraft über unsere Erfolgschancen im Leben, insbesondere in Bezug auf die zwischenmenschliche Kommunikation.

Das Konzept des EQ wurde schon zu Anfang des letzten Jahrhunderts „entdeckt", der Terminus und die wissenschaftliche Basis dazu entstanden jedoch erst im Jahre 1990 (von den amerikanischen Psychologen John D. Mayer und Peter Salovey entwickelt). Popularisiert wurde diese Idee durch den amerikanischen Wissenschaftsjournalisten und Psychologen Daniel Goleman mit seinem Buch „EQ. Emotionale Intelligenz" [3]. Es ist ein umfangreiches und faszinierendes Werk, welches einen direkten Bezug zum *Geisha-Prinzip* und zu *Konfliktisch* hat.

- Ist „emotional" automatisch „emotional intelligent"?

Ein „emotionales" Individuum *reagiert* nur und ist den Außeneinflüssen, Umständen, Stimmungen und „Verbalangriffen" von draußen *schutzlos ausgeliefert.* Eine „emotional intelligente" Person *agiert* und hat es selbst in der Hand, *ob, wie* und *wann* er/sie diese Außenreize *erwidert.*

- Ist „emotional intelligent" gleich „nett"?

So ist es nicht. „Emotional intelligent" handeln heißt sich *ziel-* und *situationsentsprechend* verhalten; nicht aus einer Laune, einem Impuls heraus, sondern bewusst und selbstbestimmend.

Wir sind emotionale Wesen und egal, wie trainiert, vorbereitet und (emotional) intelligent wir sind, wir reagieren auf die Außeneinflüsse, die sich außerhalb unserer Kontrolle ereignen (Konflikte, Krankheiten, Weggang eines geliebten Partners, Wirtschaftskrisen, Stellenabbau etc.). Der *Unterschied* bei den emotional intelligenten Menschen im Gegensatz zu denen, die es nicht sind, besteht darin, *wie lange sie in einem Konfliktzustand verweilen*: ob sie ihn annehmen, ihn lösen und dann wieder ihre eigene Aktivität/Handlung verfolgen, oder ob sie sich darin vergraben und in diesem Sumpf versinken.

Konfliktisch ist nur eine der vielen Facetten der unerlässlichen Bestandteile Ihrer emotionalen Intelligenz. Die vier Prinzipien von Konfliktisch statten Sie mit wertvollen Instrumenten aus, sie initiieren neue Denkprozesse und verhelfen zu neuen persönlichen Entscheidungen und konstruktiven Handlungsweisen. Es ist im Konfliktgespräch enorm wichtig, sich der

eigenen Emotionen und derer des Gesprächspartners bewusst zu werden:

- Wie empfinde ich die Situation?
- Wie geht es meinem Gegenüber?

Im Weiteren erfolgen dann die entsprechende
Interpretation und am besten ein kontrollierter
Output/eine Aktion/eine Aussage von uns.

Das Endziel dabei bleibt, unseren Partner
entweder zu überzeugen, zu motivieren, zu be-
geistern oder zu beeindrucken, zu beruhigen
und zurück zum Thema zu bringen.

Das heißt: *Wir wollen nicht nur recht haben
und gewinnen, sondern erfolgreiche, langanhal-
tende Beziehungen mit unseren Mitmenschen
aufbauen und genießen können, mit einer minimalen Belastung unserer physischen und psychischen Reserven.*

Konfliktisch unterstützt Sie dabei.

10. Die Konfliktisch-Praxis

Hinein, ins Konfliktisch!

Laut Wikipedia existieren heutzutage etwa 6.500 verschiedene Sprachen, welche sich in 300 genetische Einheiten und 180 Sprachfamilien einteilen lassen.

Trotz mancher Ähnlichkeiten verfügt jede einzelne Sprache über ihre eigene Grammatik, Lexik und Stilistik. Deren Kenntnis gibt uns Sicherheit, verhilft zur Verständigung mit Einheimischen und erspart manche Missverständnisse und Auseinandersetzungen.

Konfliktisch, ebenso wie Deutsch, Englisch oder Französisch, verfügt über seine eigenen Regeln, Strukturen und Besonderheiten. Lernen Sie diese und erhöhen Sie Ihre Chancen auf Erfolg, Leistung, Produktivität und Spaß im Leben!

Wir unterscheiden dabei vier Prinzipien und zwölf Unterkategorien. Konfliktisch ist einfacher und wichtiger, als Sie denken. Probieren Sie es aus! Ich verspreche: Es wird praktisch, konkret und sehr bildhaft!

Konfliktisch. Die Gesamt-
übersicht

Alles auf einen Blick!

Jetzt geht es praktisch weiter. Die Autorin bietet Ihnen einen prägnanten, leicht verständlichen Ausblick in Bezug auf die komfortable Anwendung und Ausübung von Konfliktisch.

Wenn ein Ball droht, Sie zu treffen, können Sie wie folgt reagieren:

- sich treffen lassen,
- ausweichen (sich ducken),
- den Ball fangen und umleiten,
- ihn sofort mit der Faust zurückschlagen.

Ähnlich ist es im Konfliktisch. Hier biete ich Ihnen einen kurzen Überblick für eine bessere Orientierung an: Konfliktisch beinhaltet vier Prinzipien

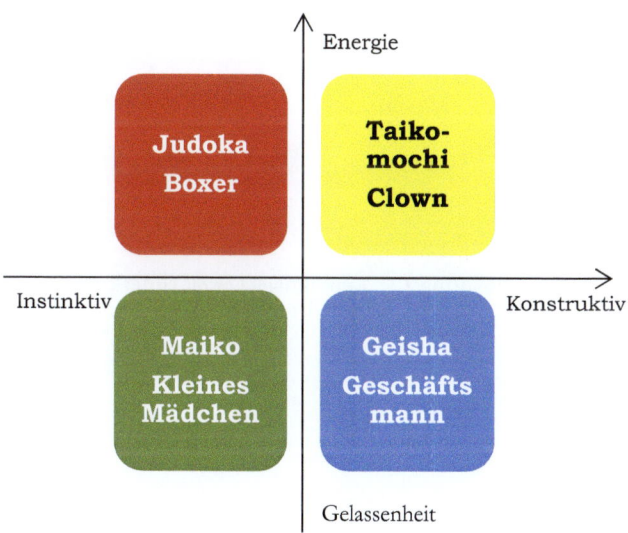

Abbildung 16. Konfliktisch/Vier Prinzipien (Eigene Darstellung)

und zwölf Unterkategorien:

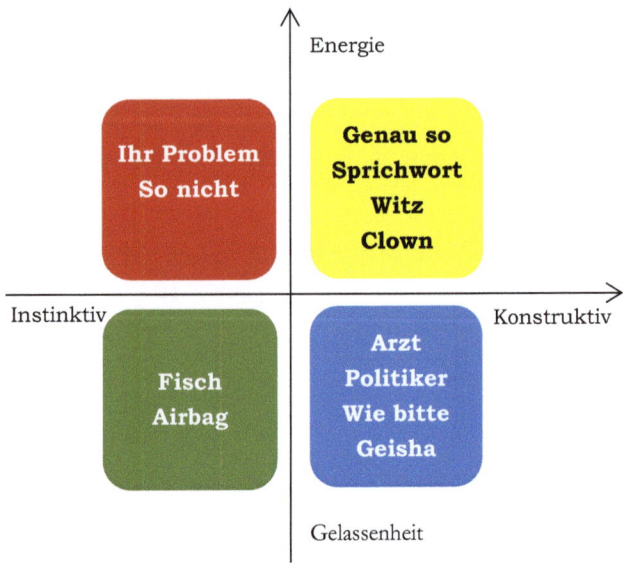

Abbildung 17. Konfliktisch/Zwölf Unterkategorien
(Eigene Darstellung)

Das Maiko (Kleines Mädchen)-Prinzip

So viel wie nötig, so wenig wie möglich.

So viel wie nötig, so wenig wie möglich. Hier geht es darum, wie Sie mit einem minimalen Energie- und Wortaufwand eine brenzlige Konfliktsituation meistern können.

Dieses Prinzip ist das energie- und ressourceneffizienteste Prinzip von allen. Wir sparen uns unsere Worte und werfen keine Perlen vor die „Angreifer". Wir lassen diese ohne unsere Stellungnahme stehen oder reagieren lediglich mit ein- oder zweisilbigen Kommentaren. Im Vergleich zu unserer instinktiven Flucht-Reaktion ist diese Missachtung des Angriffes kein Zeichen der Schwäche (uns fällt nichts ein), sondern der Stärke (es lohnt sich nicht, daher haben wir uns zur Nichtreaktion entschieden).

Dabei unterscheidet man zwei Unterkategorien:

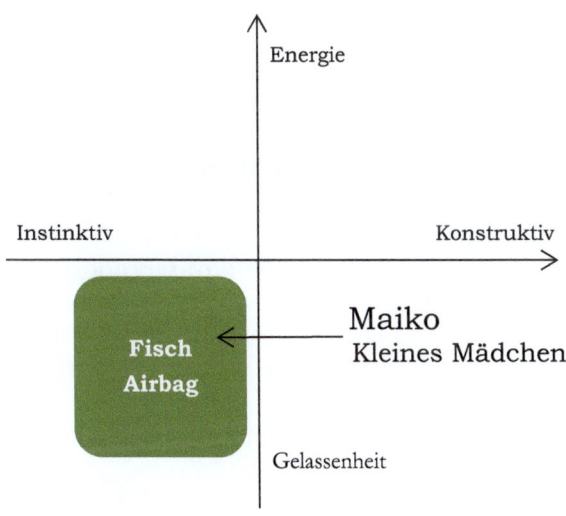

Abbildung 18. Das Maiko-Prinzip (Eigene Darstellung)

1. Die Fisch-Methode

Zum Beispiel ruft Ihnen jemand „freundlich" zu:

- *Blödmann!*
- *Idiot!*
- *Passen Sie doch auf!*
- *Wie sehen Sie denn aus!*
- *So was Hirnrissiges habe ich noch nie im Leben gehört!*
- *Können Sie überhaupt lesen?*
- *Schalten Sie Ihr Gehirn ein, bevor Sie sprechen!*

Was erwidern Sie dann? War in diesen Aussagen etwas Wesentliches oder Konstruktives enthalten? Wurden zusätzliche Informationen und Klarstellungen erforderlich? Eher nicht. Ihr Gesprächspartner wollte lediglich „Dampf ablassen" und hat Sie daher zu einem für ihn passenden Opfer definiert. Sind Sie damit einverstanden?

Es ist wie in dieser bekannten sophistischen Hör-nerfrage, bei der eine falsche Annahme/Aussage absichtlich eingebaut ist (Sie haben jetzt oder hatten früher Hörner):

„Hast du deine Hörner verloren?"

(Ähnlich auch: „Hast du aufgehört, deine Kinder zu schlagen/deine Mitarbeiter zu bevormunden/deine Frau zu betrügen?")

Egal, ob wir „ja" oder „nein" antworten – wir können nur verlieren. Denn bei „ja" würde es heißen, dass wir früher Hörner hatten, bei „nein" – dass wir unseren „Kopfschmuck" immer noch haben. Ich schlage Ihnen heute Folgendes vor:

Sie sagen gar nichts! Sie spielen Fisch.

Ja, kein Kommentar, jedoch nicht, weil Ihnen nichts einfällt, sondern weil Sie sich so entschieden haben. Sie wollen keine Perlen vor die Säue werfen. Das bringt nichts. Ihre brillanten Antworten würden nicht gebührend geschätzt und anerkannt werden. Somit sparen Sie einfach Ihre Kräfte für später auf und gehen weiter Ihren Weg.

„Wer viel beweist, beweist gar nichts", – pflegt meine Mutter immer zu sagen.

Manchmal ist nicht das Reden, sondern das Schweigen wahres Gold. Wenn Sie früher in solchen Situationen immer verzweifelt nach einer passenden Retourkutsche gesucht haben und sich Ihre positive Stimmung durch solche Zwischenrufe vermasseln ließen, können Sie es jetzt mit dieser Methode probieren. Sie hat auch eine enorme Wirkung. Probieren Sie es aus!

2. Die Airbag-Methode

Bei dieser Methode wird empfohlen, dass Sie bei den oben erwähnten Kommentaren jetzt zwar etwas sagen, jedoch nicht viel. Ein paar Standard-Worte würden vollkommen ausreichen. In diesem Falle können Sie, wie mit einem Airbag, Ihre Sicherheit und Ihr Wohlergehen schützen, zapfen dabei jedoch nicht Ihren Kreativitäts- und Energievorrat an.

Ihre Standard-Antworten könnten zum Beispiel sein:

- **So, so.**
- **Ach so.**
- **Ist es so?**
- **Ach was!**
- **Ach ja!**
- **O. k.**
- **Schön.**
- **Gut.**
- **Klasse.**

Das Prinzip dabei bleibt: So wenig wie möglich, so viel wie nötig. SIE sind der Boss (die Chefin) Ihrer Emotionen und Entscheidungen, nicht die anderen.

Das Taikomochi (Clown)-Prinzip

Auch so kann man „Zähne zeigen".

Witzig, selbstbewusst und schlagfertig. So kann man diese Vorgehensweise definieren. Mit konkreten Beispielen illustrieren wir dieses kreative Vorgehen. Eine klare Struktur und ein Starter-Kit mit Standard-Antworten geben Ihnen Sicherheit und rüsten Sie zuverlässig aus für diese Art einer verbalen Lösung in Konfliktsituationen.

*Schlagfertigkeit: Erwiderung in Form
Einer vorsichtigen Beleidigung.
Ambrose Gwinett Bierce*

Dieses Quadrat beinhaltet witzige, humorvolle und unterhaltsame Antworten à la Thomas Gottschalk, Harald Schmidt, Jutta Speidel u. a.

Antworten dieser Art erfordern ein hohes Maß an Selbstironie, Selbstbewusstsein, Kreativität und Übung. Wegen ihrer Mehrdeutigkeit sind sie weniger für das berufliche, sondern mehr für das private Leben (After-Work) geeignet.

Hier finden Sie vier Office-konforme Unterkategorien, welche Sie auch als angehender Unterhalter erfolgreich und selbstbewusst meistern können.

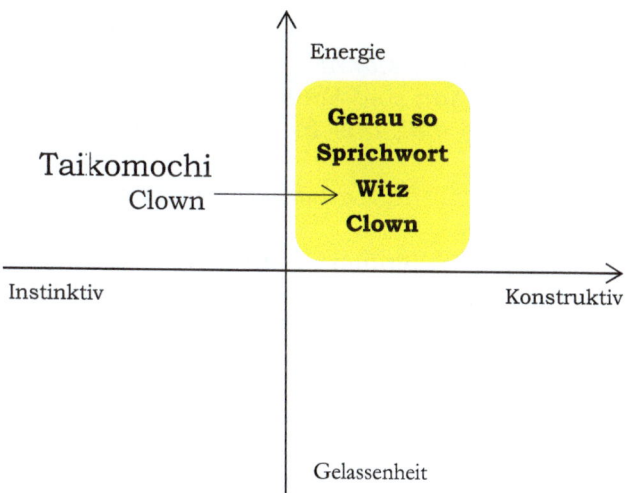

Abbildung 19. Das Taikomochi-Prinzip (Eigene Darstellung)

3. Die Genau-so-Methode

Was bezweckt unser Gesprächspartner mit solchen Aussagen wie …?

- *Sie sind schon wieder beim Kaffeetrinken!*
- *Sie sind ganz schön eingebildet!*
- *Da müssen Sie noch einiges lernen!*
- *Das haben wir immer so gemacht!*
- *Du hast ganz schön viele Falten bekommen!*
- *Du hast aber zugenommen!*
- *Haben Sie die Unterlagen nicht dabei?*
- *Sie weichen vom Thema ab!*
- *Sie sind eine dieser Emanzen!*
- *Sie sind ja nur eine Sekretärin!*
- *Ihr Kleid ist aber zu kurz!*
- *Sie haben ganz schön lange telefoniert!*
- *Typisch Mann!*
- *Warum sind Sie so aggressiv?*
- *Sag mal, duschst du überhaupt ab und zu?*
- *Immer hast du etwas zu meckern!*

Menschen tendieren zu Projektionen und Übertragungen. Häufig sehen wir in den anderen unsere eigenen Fehler, Laster, geheimen Wünsche und Gedanken. „Erwischt", kommentieren wir dabei unbewusst. „Dir zeige ich's! Mir selber erlaube ich es nicht, warum dann dir den Genuss gönnen!"

Der „Angreifer" selber würde lieber ein Schwätzchen halten und Kaffee trinken, sich provokativ und auffallend kleiden, lange telefonieren, seinen Aggressionen freien Lauf lassen, entspannt zunehmen, nichts ändern, würdevoll altern und ungestört herummeckern. Seine Erziehung und seine Angst, dabei erwischt und bestraft zu werden, verbietet ihm diese Handlung. Somit dürfen auch Sie es nicht machen!

Mit diesem „Verständnis" für die andere Seite haben Sie es leichter, eine entspannte und selbstbewusste Reaktion darauf zu zeigen.

Er darf es nicht, hat keinen Mumm dazu, beneidet Sie heimlich und leidenschaftlich. Sie jedoch haben das Risiko auf sich genommen, ebenso wie die entsprechenden Konsequenzen! Gut, dann stehen Sie dazu, genießen Sie Ihre Kühnheit und erwidern Sie z.B. einfach:

- **Ja, so ist es!**
- **Stimmt genau!**
- **Gut beobachtet!**
- **Richtig!**
- **Ja, ich finde mich auch klasse!**
- **Ja, bin ich nicht klasse?**
- **Ja, geht es Ihnen jetzt besser?**

4. Die Witz-Methode

Bei dieser Unterkategorie können Sie die Aussage des Angreifers zum Anlass nehmen für eine unerwartete Wendung, indem Sie passend oder unpassend einen vorgefertigten Witz aus Ihrer Sammlung herausholen.

- **Apropos, das erinnert mich an einen Witz ...**
- **Es ist genau wie im folgenden Witz: ...**
- **Bevor ich das vergesse ...**
- **Gerade, als Sie das sagten, kam mir was ganz Anderes in den Sinn: ...**

Witzig sein auf Kommando, insbesondere in einer Stresssituation – das ist eine richtige Herausforderung! Auch geübte Unterhalter geraten dabei ins Schwitzen, ganz zu schweigen von uns Gelegenheits-Entertainern. Eine wirkungsvolle Hilfe schafft dabei bestimmt Ihre gut gepflegte *Witze-Kartei*. Sie können sich auch ein paar Favoriten zu den öfter bei Ihnen auftauchenden Themen anlegen. Wie bei einer neuen Fremdsprache lernen Sie diese zuerst einfach auswendig.

Man kann doch nicht zu jedem Thema einen Witz aufsagen!

Wer hat denn verlangt, dass es immer wie die Faust aufs Auge passen muss? Lenken Sie einfach ab! Am Ende wird man sich sowieso nicht mehr genau an das Streitthema erinnern. Und wenn schon! Kombinieren Sie es dann mit weiteren Methoden. Somit werden Sie immer kreativer, schlagkräftiger und erfahrener.

Hier folgt eine Auswahl von Witzen, welche Sie in den unterschiedlichsten Lebenssituationen als Szenen- bzw. Perspektivwechsel oder als Werkzeuge zur positiven Stimmungsänderung anwenden können:

***

Eine Frau zu ihrem Nachbarn: „Es ist widerlich, Sie sind alkoholisiert. Wir können erst morgen miteinander reden!" „Das ist kein Problem", erwidert der Mann. „Morgen bin ich wieder nüchtern und Sie haben dann immer noch krumme Beine."

***

Wenn Sie so beschränkt und nicht imstande sind, sich die einfachsten Sachen zu merken, dann schreiben Sie diese doch gefälligst auf! So mache ICH es schon mein Leben lang!

***

„Du bist der Beste!" rief Marta aus. Daraus schlussfolgerte Manfred, dass es irgendwo einen Wettkampf gegeben haben musste.

***

Ein Mann nach der Beerdigung seiner Ehefrau: „Warum hast du mich hier allein gelassen? Jetzt bin ich ganz allein geblieben! ... Allein? Allein?! Allein! Hurra! Endlich allein!!!

***

Nachts allein auf dem Friedhof trifft ein Mann plötzlich jemanden, den er erleichtert begrüßt. „Wie froh bin ich, Sie hier zu treffen! Wissen Sie, ich habe eine solche Angst vor Leichen!" Daraufhin der Unbekannte: „Warum fürchten Sie sich denn so vor uns?"

***

Ein Ostfriese wird im Bus von einem Schaffner kontrolliert.
- Ihre Fahrkarte bitte!
- Hier, bitte! Sogar zwei!
- Warum haben Sie denn zwei? Eine wird für Sie reichen.
- Für den Fall, dass ich die erste verliere.
- Und wenn Sie die zweite verlieren?
- Für diesen Fall habe ich die Monatskarte!

***

- Wie haben Sie Stuttgart gefunden?
- Immer südwärts, der A81 folgend und dann auf die B10 ...

***

Der Vater redet am Tisch mit seiner gesprächigen dreijährigen Tochter.
- Beim Essen bin ich taubstumm.
- Echt? Und ich bin normal!

***

- Warum bringen die Gastgeber ihre Gäste immer zur Tür?
- ???
- Um sicherzustellen, dass diese wirklich gehen.

***

- Was ist Glück?
- Glück ist ein guter physischer Zustand und ein schwaches Gedächtnis.

***

Ein Student schreibt seiner Mutter.
- Jetzt geht es mir viel besser. Ich bin endlich zu einer dreimaligen Ernährung übergegangen:
  montags, mittwochs und freitags.

***

Auf der Toilette wird ein Student dabei erwischt, wie er versucht, sein Jackett aus der Schüssel zu holen.

- Was machen Sie denn da? Werden Sie es danach überhaupt anziehen?
- Das nicht. Wissen Sie ... in der Tasche war noch ein belegtes Brötchen ...

***

- Was ist der Unterschied zwischen dem lieben Gott und den Lehrern?
- ???
- Der liebe Gott weiß alles. Die Lehrer wissen alles besser.

***

- Was sagt eine Lehrerin zu einem Mann, mit dem sie eine romantische Nacht verbracht hat?
- ???
- Das war nicht schlecht. Wiederholen wir es mal!

***

Eine Frau in ihren Memoiren: „Die besten 40 Jahre meines Lebens habe ich in dem Zeitabschnitt zwischen 25 und 30 Jahren verbracht ...“

***

Der Schwiegersohn zu seiner Schwiegermutter:
- Wie lange willst du bei uns bleiben, Mama?
- Bis ich euch „auf den Keks gehe".
- Nicht einmal Kaffee willst du trinken?

***

Ein Mann in der Apotheke.
- Geben Sie mir bitte Tabletten für innere Ruhe und Gelassenheit ... Aber rucki zucki!!!

***

Einem Mann wurde sein Fahrrad geklaut. Sein Freund fragte ihn:
- Warum bist du so entspannt und ruhig? Das musst du der Polizei melden!
- Ach was! Es heißt doch: Kommt Zeit – kommt Rad ...

***

Einem älteren Herrn wird ein Test vorgelesen, bei dem verschiedene Lösungen auszuwählen sind:
- „Mit wem würden Sie gerne ein wunderschönes Wochenende verbringen? a) Mit Ihrer Frau ..."
- „b), b), b)!!!!", gibt der Mann ohne zu überlegen zurück.

***

Frauen fühlen sich oft nach allerlei **Blondinen-Witzen** und Andeutungen darauf, dass sie blond (begriffsstutzig) seien, ziemlich verwundbar. Das muss nicht sein. Drehen Sie den Spieß um: Erzählen Sie selbst einen **Männerwitz**. Hier eine kleine Auswahl:

***

Es ist sicherlich kein Zufall, dass Vogelscheuchen als Männer dargestellt werden.

***

Ein anständiger Mann stirbt mit 50, damit seine Frau noch was vom Leben hat.

***

Irren ist männlich.

***

Männer werden nie erwachsen. Mit fortschreitenden Alter werden ihre Spielzeuge einfach teurer.

***

Pensionierte Männer sind für ihre Ehefrauen ein Vollzeitjob.

Bitte beachten Sie, dass Witze über eine enorme Kraft verfügen. Benutzen Sie diese bitte mit Bedacht, Respekt und vorzugsweise für die Defensive.

5. Die Spruch-Methode

Eine gute Vorbereitung ist die halbe Miete. Wie bei der vorherigen Kategorie können Sie sich zusätzlich zur *Witze-Kartei* eine reichhaltige *Sprüche-Kartei* anlegen. Egal, ob passend oder unpassend – setzen Sie diese in brenzligen Situationen einfach ein.

Viele dieser Sprüche sind mehrdeutig und können, wenn man lange darüber nachdenkt, bei fast jeder Situation auch Sinn machen. Falls nicht, machen Sie sich selbst einen Spaß daraus: Wie im Märchen „Des Kaisers neue Kleider" sagen Sie Ihrem Gesprächspartner, dass *jeder, der genügend Verstand besäße, auch den Sinn in dem Spruch sehen würde*. Da haben Sie den „schwarzen Peter" ihm zugeschoben, denn falls er jetzt keinen Zusammenhang in Ihrer Aussage sieht, würde dies einen ziemlichen Gesichtsverlust für ihn bedeuten. In 99 % der Fälle wird er Sie jetzt wohl in Ruhe lassen und Sie können wieder zu Ihrem ursprünglichen Thema zurückkehren.

Und hier folgt Ihr Sprichwörter-Starter-Paket:

Ein Apfel fällt nicht weit vom Stamm.
Wer A sagt, muss auch B sagen.
Eine Schwalbe macht noch keinen
Frühling.
Morgenstund' hat Gold im Mund.
Es ist nicht alles Gold, was glänzt.
Wer nicht hören will, muss fühlen.
Irren ist menschlich.

Ein blindes Huhn findet auch mal ein Korn.

Ein Tipp dazu: Sie können den Anfang eines Spruches nehmen und dann mit Ihrer eigenen, situationsgemäßen witzigen Bemerkung ergänzen. Dies ist eine gute Kreativitätsübung, die Ihnen immer Pluspunkte bei Ihren Zuhörern beschert und dazu noch enorm viel Spaß macht.

Z. B.

Kommt Zeit, ... kommen Angebote.
Früh übt sich, ... wer mit 30 schon etwas auf die Beine stellen will.
Viele Köche ... sind besser als einer.
Erst die Arbeit, ... dann die Rente.
Ein Unglück kommt ... und geht. Alles wird gut!

Universell in ihrer Bedeutung sind auch afrikanische Sprichwörter. Nehmen Sie diese doch auch in Ihr Repertoire auf! Einige Beispiele dazu:

Das Gras wächst nicht schneller, wenn man daran zieht.
Ganz egal, wie lange ein Baumstamm im Wasser liegt, es wird kein Krokodil werden.

Es ist besser, mit drei Sprüngen zum Ziel zu kommen, als mit nur einem das Bein zu brechen.

Wer seinen Hund liebt, muss auch seine Flöhe lieben.

Wer Fragen stellt, muss auch akzeptieren, dass er Antworten bekommt.

Recht hat immer jener, der den Griff des Dolches in der Hand hält.

Weisheit ist keine Medizin zum Hinunterschlucken.

Ein Einäugiger wird Gott erst in dem Moment danken, da er einem Blinden begegnet.

Du weißt nicht, wie schwer die Last ist, die du nicht trägst.

Wer einmal von einer Schlange gebissen wurde, hat Angst vor jedem Stückchen Schnur.

Als Frau in einer männlichen Gruppe (Kollegen/Freunde), insbesondere in einem „benebelten Zustand", was schon mal vorkommt bei verschiedenen außerbetrieblichen Veranstaltungen (Weihnachtsfeier, Betriebsausflügen, After-Work-Partys), ist es ratsam, sich eine *harte Schale* in Form von entsprechenden Sprüchen anzulegen. Dadurch können Sie sich souverän behaupten und den Respekt der gesamten Mannschaft gewinnen.

Auf allerlei frivole Andeutungen können Sie z.B. selbstbewusst kontern:

Hunde, die bellen, beißen nicht. Ein fauler Fisch verdirbt die ganze Küche.

Lassen Sie sich nicht aus der Ruhe bringen!

6. Die Clown-Methode

Im Vergleich zu den vorherigen Methoden, welche eine Art „Halbfabrikate" darstellten (man konnte Antworten aus einer vorbereiteten „Sprüche-/Witze-Kartei" herausholen, um sie einzustudieren), geht es bei dieser Variante um puren Freestyle. Somit erfordert diese ein gewisses Geschick, gute Laune und einiges an Praxis.

Keine Angst, es ist noch kein Meister vom Himmel gefallen, auch nicht die größten Komiker und Unterhalter. Befolgen Sie zunächst die Standard-Schemata, mit der Zeit kommen auch Ihr Feinschliff und der Spaß an der Sache.

Die Hauptidee ist dabei ein spielerischer Umgang mit der Sprache:

- ein geschickter Umgang mit Mehrdeutigkeit
- ein versteckter Gegenangriff
- ein verrückter Vorteil
- ein maßloses Übertreiben

Hier folgen ein paar Beispiele:

- Blödmann!
- **Angenehm, Pantle**

- Deine Aussprache ist unmöglich. Bei welchem Englischlehrer warst du denn?
- **Wieso? Ich war bei deinem.**

- Unmöglich, du bist so dürr!
- **Dafür kann ich mich hinter jedem Stock verstecken.**

- Schäme dich! Als „blinder Passagier" im Zug zu fahren!
- **Wieso? Ich kann gut sehen. Hast du etwas gegen Menschen mit Behinderungen?**

- Was hast du gestern aufgehabt (Hausaufgaben)?
- **Einen Sonnenhut. Warum?**

- Du hast ganz schön zugenommen!
- **Dafür ist das Gesicht jetzt schön glatt und faltenlos! Im Gegensatz zu dir ...**

Was ist eine Geisha überhaupt?

Japan, Kimono, Tee ...
Empathie, Zuhören,
Schweigekodex ...

In diesem Kapitel werden Sie eingeladen, Ihre Vorstellungen über die als Geisha bezeichnete japanische Künstlerin zu revidieren. Was hat eine Geisha mit einem Geschäftsmann gemeinsam? Komplexes lernt man am besten spielerisch. Wir üben es in diesem Abschnitt.

Welche Assoziationen haben Sie, wenn Sie das Wort „Geisha" hören?

Ich habe folgende Bilder im Kopf:
Japan, Kimono, Teezeremonie, Tanz, Musik, Gesang, Kunst, Wortgewandtheit, Zuhören, Empathie, Eleganz, Sinnlichkeit, Seide, Demut, Schweigekodex, eine schöne elegante Frau.

Wussten Sie, dass die ersten Geishas in Japan vor 400 Jahren tatsächlich Männer waren? Es waren Unterhalter, eine Art Hofnarren, welche für die gute Stimmung ihres Publikums in den damaligen Lokalen sorgten. Eine Dame ist damals in dieses Gewerbe eingestiegen und hat ihre Sache so viel besser gemacht als ihre männlichen Kollegen, dass dieser Beruf später zu einer reinen Frauendomäne wurde. Es waren und sind bestens ausgebildete Künstlerinnen (die Erstausbildung dauert 5 Jahre), die sich auf Tanz, Musik, Literatur und Unterhaltung spezialisiert haben. Die Zeiten ändern sich – heute gibt es nur noch wenige Geishas in Japan. Ihre Aufgabe war und bleibt es auch heute noch, ihren Kunden Entspannung und vollkommene Ruhe zu verschaffen.

Geishas sind keine Prostituierten und keine Ehefrauen. Sie sind Künstlerinnen und gleichzeitig selbst Kunstwerke, wahrhafte Meisterinnen einer feinen Konversation und schlagfertiger Reaktionen, mit einem extremen Gespür für die emotionalen Zustände, Wünsche und Sorgen ihrer Klienten.

Was ist das Geheimnis dieser Frauen? Was können wir in unserer heutigen Zeit, sowohl im Alltag als auch im Berufsleben, von ihnen lernen? Ob Sie es glauben oder nicht, vieles ist schon zu einem festen Bestandteil unserer (Firmen) Kultur geworden, insbesondere im Vertrieb bzw. bei der Kundenbetreuung. Vergleichen wir einmal einige Postulate aus dem Geisha-Kodex mit den gängigen Philosophien der heutigen erfolgreichen Unternehmen:

Geisha-Kodex

- Orientierung an den Kundenwünschen
- aktives Zuhören
- Ablenkung von Alltagssorgen
- qualitativ hochwertige Unterhaltung
- Freundlichkeit und Respekt gegenüber den Kunden
- Geheimhaltungs-Kodex

Unternehmensphilosophie

- Der Kunde ist König
- Das Angebot an maßgeschneiderten Produktlösungen
- Eine optimistische, verantwortungsbewusste Einstellung, gegenseitiger Respekt
- Geheimhaltungsvereinbarungen

In den von John Grindler und Richard Bandler in den 1970er Jahren entwickelten Techniken, allgemein als NLP[7] (Neuro Linguistisches Programmieren) bekannt, finden wir auch einige der Methoden wieder, welche Geishas zu ihrem Erfolg verhalfen. Dazu gehören:

Die Herstellung einer *Beziehung*, eines Drahts, zum Klienten durch aktives Zuhören, Nicken, ein aufrichtiges *Interesse* am Gesagten und eine weitere *Gesprächsführung* (Ablenkung von Problemen, Beruhigung, Entspannung und Wohlergehen) des Gesprächspartners.

Was für ein kostbarer Genuss in der heutigen stürmischen Welt, in der man die meiste Zeit aneinander vorbeiredet!

Wie Sie merken, sind diese beiden Welten in vielen Punkten verblüffend identisch! Dies ist auch kein Wunder: Geishas und Unternehmen haben heutzutage eine ähnliche Mission. Das sind die Zufriedenheit und Bedürfniserfüllung von Kunden, die Verbesserung ihrer Lebensqualität und das Angebot an erstklassigen Leistungen.

Und wie kann man den Kunden glücklich machen, ihn an ein Unternehmen binden und zum Weiterempfehlen animieren?

Wir müssen ihm das Gefühl geben, etwas Besonderes zu sein, und sollten dazu eine positive Atmosphäre schaffen, seine Ängste und Sorgen kennen, um besser darauf eingehen zu können; ihm eine Lösung seines Problems anbieten, uns in erster Linie auf seine Wünsche konzentrieren und auf seine Bedürfnisse eingehen, dem Kunden dienen, denn dies führt umgekehrt zu einem Schlüssel für eine langfristige, durch

Zufriedenheit geprägte Beziehung mit dem Klienten. All dies führt zwangsläufig zum Erfolg unseres Unternehmens, es ist eine sogenannte Win-win[1]-Situation.

„All dies klingt gut", könnten Sie erwidern. „Aber arbeite einmal selber an der vordersten Front, und zwar mit Kunden, die ihren Frust an dir ablassen und sich oft unmöglich benehmen!"

In sozialen Netzwerken habe ich einmal einen passenden Spruch dazu gefunden:
„Bei der Arbeit sagt man, wir sollen unsere Sorgen zu Hause lassen. Zu Hause erwartet man, dass wir unsere Probleme im Geschäft lassen sollen. Wohin überhaupt mit dem ganzen Stress?"

Einverstanden, diese Aufgabe ist nicht einfach. Wir sind keine Roboter, irgendwann hält man es nicht mehr aus und geht selbst in die Luft. Aus diesem Grunde ist die Vorsorge in Form von präventiven Taktiken, Methoden, verschiedenen Schulungen, themenbezogen Büchern wie dieses hier und praktischen Trainings eine nicht mehr wegzudenkende Hilfe für den Alltag nicht nur von Mitarbeitern im Handel und Vertrieb, sondern für uns alle.
Im Folgenden können Sie einige wirkungsvolle Standardantworten finden, die Sie für die meisten kritische Situationen im privaten und insbesondere im beruflichen Alltag sattelfest

machen und die Beziehungen mit Ihren Mitmenschen positiv beeinflussen können.

Wie schon erwähnt, hat dieses Prinzip einen japanischen Ursprung. In dieser Kultur gilt das Wort „Nein" als höchst unhöflich. Für einen sanften Einstieg schlage ich Ihnen ein kleines Spiel vor: Beantworten Sie bitte die weiteren Fragen in einer positiven Form, ohne „Nein" oder „Nicht" dabei auszusprechen.

- Magst du noch Kaffee? (Sie wollen nicht mehr)
- Gefällt Ihnen unser Angebot? (Sie sind nicht interessiert)
- Kann/Soll ich Sie morgen anrufen? (Sie möchten nicht mehr angerufen werden)
- Kannst du für mich am Freitag einspringen? (Sie können und wollen es nicht)

Hier finden Sie ein paar Lösungsvorschläge:

- **Danke, ich habe schon genug getrunken.**
- **Es ist sehr interessant. Dies müssen wir mit der zuständigen Abteilung noch klären.**
  (Oder: Wir haben uns schon anderweitig entschieden.)
- **Ich muss meinen Terminkalender prüfen. Bei Bedarf melde ich mich selber bei Ihnen. Danke für Ihr Angebot.**
- **Ich bin schon anderweitig verplant.**

Die moderne westliche Kultur ist charakterisiert durch die Ausprägung bestimmter Wertvorstellungen: Hier in Deutschland sind wir konkret, direkt und ehrlich; Konjunktive (könnte, müsste, sollte) gelten als Zeichen der Unsicherheit und Schwäche. Man hat uns beigebracht, authentisch, eindeutig und geradeheraus zu reagieren. Aus diesem Grunde bereitet diese Aufgabe der positiv formulierten Ablehnung manchen von uns signifikante Schwierigkeiten.

„Warum sollen wir uns verstellen?", fragen meine Kollegen dann oft „Ja, oder nein, warum dieses sinnlose Herumeiern?"

Wir haben mit Kollegen einmal heftig diskutiert, was wohl besser und sinnvoller wäre: *eine grobe flegelhafte Ehrlichkeit oder eine höfliche Lüge.* Die zweite Variante, die höfliche Lüge, trug einen knappen Sieg davon. Spannend. Was meinen Sie dazu?

Was würden Sie Ihrer Freundin antworten, die sichtlich an Gewicht zugelegt hat?

Würden Sie es ihr bestätigen und sie mit der schonungslosen Feststellung konfrontieren, oder würden Sie sie ermutigen, ablenken und eher Positives betonen?

- Ja, du bist ein richtiger Brocken geworden. Das Kleid spannt an allen Ecken und Kanten. Dein Doppelkinn sollte man besser in einem Rollkragen verstecken und eng anliegende Kleider sind für dich jetzt auf jeden Fall Tabu. Jetzt bist du informiert und weißt definitiv meine ehrliche Meinung richtig zu schätzen. Dazu sind Freunde doch da!

Wie wird danach ihre Reaktion, Ihre weitere Beziehung im Allgemeinen mit dieser Person aussehen? Spannend, nicht wahr? Es ist Ihre Entscheidung, Ihre Beziehung, Ihr Leben.

Jetzt kommen wir zur Praxis. Ich versuche, alles einfach und gut strukturiert zu halten, um Ihnen die Anwendung dieser verschiedenen Taktiken möglichst zu erleichtern. Je einfacher, desto größer die Wahrscheinlichkeit, dass die Kurzbeschreibungen „sitzen" und im Gedächtnis bleiben werden.

Das Geisha (Geschäftsmann)- Prinzip

Sachlich, konstruktiv, wohl- wollend

Sachlich, konstruktiv, geschäftstauglich und wohlwollend. Dieses Prinzip eignet sich idealerweise insbesondere für den beruflichen Alltag. Es befähigt Sie zu einer adäquaten und sachlichen Reaktion auf die meisten kritischen Äußerungen.

Zu dem Geisha-Prinzip gehören vier Methoden, die Sie insbesondere auf ideale Weise im beruflichen Alltag unterstützen werden.

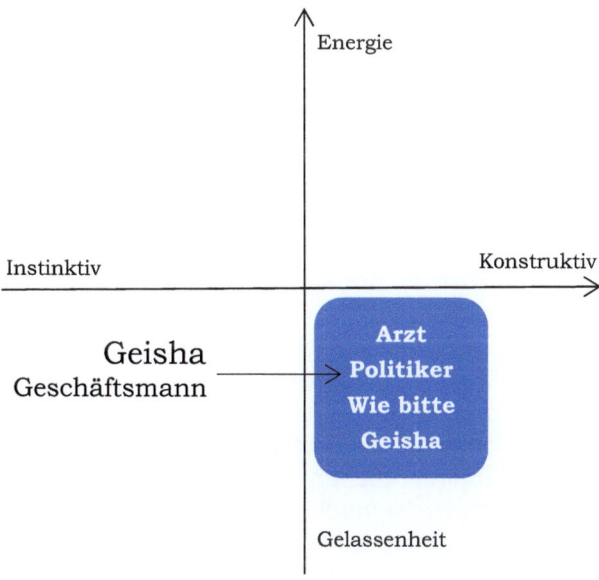

Abbildung 20. Das Geisha-Prinzip (Eigene Darstellung)

7. Die Arzt-Methode

Bei diesem Verfahren ist es wichtig, sich selber aus dem „Schlachtfeld" abzuziehen und auf einen sicheren Hügel zu setzen. Psychologen würden dazu empfehlen, eine „Metaposition" einzunehmen und wie ein Arzt nicht nach einem Symptom, sondern nach einer Ursache zu suchen und eine Diagnose zum Zustand des Gesprächspartners abzugeben. Somit begeben Sie sich auf ein sicheres Terrain und wirken souverän, professionell und sachlich.

- *Das habe ich schon 1.000 Mal erklärt!*
- *Warum haben Sie das noch nicht erledigt?*
- *Das funktioniert auf keinen Fall!*
- *Noch nie habe ich etwas Sinnloseres gehört!*
- *Aber dazu fehlt uns doch die Zeit!*
- *Immer dieser zu nichts taugende moderne Schnickschnack!*
- *Sie leben wohl hinterm Mond!*
- *Träumen Sie weiter!*

Solche Kommentare sind Ihnen vermutlich bestens bekannt: In Besprechungen, in Diskussionen, entweder auf der gleichen hierarchischen Ebene oder mit Vorgesetzten, kommen sie des Öfteren zum Ausdruck und verschlagen uns wahrhaftig die Sprache. Impulsiv und automatisch reagieren wir dann eingeschnappt, nehmen alles persönlich und kommen dabei selten zu einem Kompromiss.

Probieren Sie doch mal etwas anderes und distanzieren Sie sich von der Ausdrucksform des Angriffes.

Erstellen Sie, wie ein Arzt, eine Diagnose: Öffnen Sie die Verpackung der Botschaft Ihres Gegenübers und schauen Sie sich deren Inhalt, die Message, genau an.

- **Sie sind wütend.**
- **Sie sind aufgeregt.**
- **Es liegt Ihnen am Herzen.**
- **Sie haben es eilig.**
- **Sie pauschalisieren gerade.**
- **Da irren Sie sich.**
- **Wollen wir bitte sachlich bleiben!**
- **Bleiben wir doch bitte beim Thema!**
- **Wir verlieren uns leider in gegensätzlichen Vorwürfen. Damit entfernen wir uns von unserem ursprünglichen Ziel. Dieses ist ...**

Bei dieser Arbeitsweise konzentrieren Sie sich auf Gemeinsamkeiten, handeln wertschätzend, sachlich und zielorientiert. Sie respektieren damit Andersdenkende und berücksichtigen deren Sorgen und Ängste. Diese können schließlich berechtigt sein und Missstände aufdecken, die Sie eventuell in Ihrem Eifer und Enthusiasmus zunächst übersehen haben. Mit Ihrer Ruhe und Dialogbereitschaft können Sie kritische Stimmen besänftigen und neue, konstruktive Lösungen finden.

Mit dieser Strategie schaffen Sie Partner und Nachfolger, nicht Feinde und Gegner.

8. Die Politiker-Methode

Haben Sie schon einmal beobachtet, wie Politiker auf unbequeme Journalistenfragen reagieren? Gerade wurden diese noch durch eine Killerfrage dem Publikum vorgeführt, schon stehen sie wieder auf einem sicheren Boden. Diejenigen, die diese Technik meisterhaft beherrschen, erscheinen wie Zauberkünstler, die ein zerschnittenes Seil dem nichts ahnenden jubelnden Volk wieder als Ganzes präsentieren. Wie funktioniert es, wie geht dieser Trick?

Es ist wie in der Magie. Das Schlüsselwort dabei ist die *Ablenkung*:

- Richtungswechsel des ursprünglichen Angriffes;
- „Herausschneiden" des Stichworts und Fortsetzung einer eigenen Geschichte;
- Angriffe/Fragen umleiten (an andere dafür zuständige Personen);
- Verwendung von leeren Worthülsen zur Ablenkung des „Angreifers".

Und falls man Ihnen einmal ins Wort fallen sollte – benutzen Sie weitere Methoden oder appellieren Sie an das Gewissen Ihres Gesprächspartners. Sie haben ja niemanden unterbrochen!

- *Sind Sie für oder gegen die Aufnahme von Flüchtlingen?*
- *Sie sind als hilfsbereiter Mensch bekannt. Wie viel möchten Sie für diese Auktion spenden?*
- *Haben Sie etwa was gegen Frauen?*
- *Stimmt es, dass Sie den berüchtigten Herrn P. zum Thema kommunikative Fertigkeiten konsultiert haben?*
- *Wie viele gescheiterte Ehen haben Sie schon hinter sich?*
- *Sie sind ein Mensch, der eine bestmögliche Ausbildung genossen hat. Wie kommen Sie zu so einer dramatischen Fehldiagnose?*
- *Sie sind als Berater von namhaften Finanzmagnaten bekannt. Was ist das Erfolgsgeheimnis Ihrer Klienten?*

Bekanntlich gibt es immer drei Wahrheiten: Die Wahrheit des Fragestellers, die des Antwortenden und DIE Wahrheit.

Somit können wir dies im Hinterkopf behalten und zum Beispiel wie folgt kontern:

- **Darum geht es jetzt nicht ...**
- **Ich denke nicht auf diese Weise ...**
- **Sie möchten wissen, ob ...**
- **Sehr wahrscheinlich sprechen auch Sie nicht öffentlich über Ihr Privatleben. Genauso wünsche ich mir Respekt gegenüber meinem.**
- **Diese Frage müssen Sie an Herrn K. adressieren ...**

- Ich bin nicht bevollmächtigt, Ihnen dazu Auskunft zu erteilen.
- Es ist eine häufig gestellte Frage. Oft will man noch wissen, ob ...
- In unserem Unternehmen werden jegliche Änderungen von Verträgen gewissenhaft überprüft, um den Mitarbeiterwünschen und Bedürfnissen gerecht zu werden. Wir wollen zu einer gerechten Lösung für die ganze Belegschaft kommen. Dazu haben wir ...
- Zu uns kommen Menschen, welche ihre kommunikativen Fertigkeiten verbessern wollen. Ihre Hintergründe und Interessen spielen für uns dabei keine Rolle – wir vermitteln den Teilnehmern unser kommunikatives Know-how. Wie und wozu sie dieses später einsetzen, liegt außerhalb unserer Kontrolle.

9. Die Wie-bitte-Methode

Eine weitere elegante Vorgehensweise in Konfliktgesprächen ist die Rückfrage-Technik. Dabei gewinnen Sie selbst Zeit für eine passende Erläuterung, Sie geben den Ball zurück und bringen die ganze Konversation auf eine sachliche und konstruktive Ebene.

- *Weshalb sind Ihre Resultate so bescheiden?*
- *Was verdienen Sie?*
- *Ihre Kleidung entspricht nicht unserer Unternehmensphilosophie.*
- *Da täuschen Sie sich!*
- *Es gab doch Diskussionen über die Mangelhaftigkeit Ihres Produktes.*
- *Wenn ich blond wäre wie du, würde ich es auch so sehen!*
- *Sind Sie überhaupt qualifiziert für die Stelle?*
- *Was verstehen Sie unter „Erfolg"?*
- *Wann sind Sie endlich mit der Auswertung fertig?*
- *Sie sind Buchhalter. Das sind trockene Typen.*
- *Was ist denn das für ein Blödsinn!*
- *Warum finden erfolgreiche Frauen keine geeigneten Partner?*
- *Einige Mitarbeiter werfen Ihnen Entscheidungsschwäche vor.*
- *Sie sind nur eine Assistentin!*

Einige der Aussagen können punktgenau unsere Achillesferse treffen. Somit ist es ratsam, eine rechtzeitige Abkühlung, in erster Linie des eigenen Gemüts, sicherzustellen. Durch diese Fragen können Sie „mit einem Schlag drei Fliegen loswerden":

1. Sie *geben* sich selbst *Zeit,* um den *Stresspegel* zu *senken* und Ihr rationales Gehirn einzubeziehen.

2. Sie finden heraus, *was* Ihr Gegenüber mit der Bemerkung wirklich *meint* (er kann dazu eine völlig andere Geschichte im Kopf haben, als Sie konstruiert haben).

3. Das Gespräch bekommt (in den meisten Fällen) durch Ihre Bemerkung eine *sachliche Wendung.*

Bitte finden Sie im Folgenden ein paar dazu passende Fragen:

- **Wie bitte?**
- **Wie meinen Sie das?**
- **Wozu wollen Sie es wissen?**
- **Was verstehen SIE unter ...?**
- **Präzisieren Sie bitte Ihre Frage!**
- **Wann genau brauchen Sie ...?**
- **Was genau fehlt Ihnen dabei?**
- **Wäre Ihnen lieber, wenn ...?**
- **Woher haben Sie Ihre Informationen?**
- **Bitte stellen Sie eine Frage!**
- **Ihre Frage bitte?**
- **Ist es so?**
- **Spielt es eine Rolle?**
- **Worauf wollen Sie hinaus?**
- **Warum fragen Sie?**

10. Die Geisha-Methode

Ein Gramm Beispiel gilt mehr als ein
Zentner guter Worte.
Franz von Sales

Stellen Sie sich vor: Ihr Freund, Kollege, Kunde berichtet über den Missstand und beschwert sich verärgert über die Situation, über die gelieferte Qualität des Produkts.

„Das hätte ich aber anders erwartet! So war es nicht abgesprochen! Das ist der schlechteste Service, den ich je erlebt habe!"

Was können Sie dazu sagen? Der Kunde ist aufgeregt, er hat auch recht. Sie können oft nichts dazu (sagen/unternehmen). Es liegt nicht in Ihrer Kompetenz. Sein Ton macht Ihnen jedoch zu schaffen und die Situation droht zu eskalieren.

Egal, wie schwierig es ist, holen Sie bitte erst mal tief Luft. Ohmmm! Jetzt können Sie ihm Verständnis entgegenbringen:

- **Ich verstehe Sie.**
- **Ich verstehe Ihre Reklamation/ Reaktion.**
- **Ich bin ganz Ihrer Meinung.**
- **Das sehe ich genauso.**
- **Da haben Sie recht.**

Das wollte doch der Freund/Kollege/Kunde auch hören.

Oder er berichtet von den Mängeln und Fehlern, vergleicht uns mit der Konkurrenz und droht damit, den Vertrag zu kündigen. Gut, Sie wissen jetzt Bescheid und können gleichwohl weiterhin im Gespräch bleiben: ihn von anderen Vorteilen unserer Produkte/Dienstleistungen überzeugen, oder aber vorhandene Fehler/Defekte beheben/reparieren (lassen).

- **Gut, dass wir so offen miteinander sprechen.**
- **Es gefällt mir, dass Sie das gleich auf den Tisch bringen.**
- **Schön, dass wir so ehrlich miteinander sind.**

Wenn er dabei kompetent über Missstände berichtet, können Sie ihn ehrlich (bitte ohne Ironie!) dafür loben:

- **Wie belesen Sie sind!**
- **Ich mag Ihre Ausdrucksweise!**
- **Faszinierend!**
- **Ich bewundere Ihre Kompetenz in dieser Frage!**

Das Eis wird somit gebrochen sein. Wenn Sie diese Strategie weiter fortsetzen, werden Sie bemerken, wie die Wutlawine des Klienten sich sichtlich abschwächt. Dann können Sie zum konstruktiven Teil des Gesprächs übergehen und gemeinsam an Lösungen feilen.

- Wie müsste Ihrer Ansicht nach die Lösung aussehen?
- Da dies nicht im Bereich meiner Kompetenz liegt, werde ich es an unsere Fachabteilung weiterleiten. Ich werde Sie umgehend über die dort angebotenen Lösungen informieren. Können wir nächste Woche dazu telefonieren? Usw. usf.

Die *Ziele* bei diesem Verfahren sind:

- die *Sorgen* von Mitmenschen *ernst* zu *nehmen*;
- ausreichend *Zeit* zum *Abkühlen* von Emotionen zu geben (Ihnen selbst);
- den *Fokus* weg vom Problem und *hin zur Lösung* zu bringen;
- eine *Win-win*[1]-Situation anzustreben;
- im *Gespräch* zu *bleiben*.

Auch wenn anderswo bessere Konditionen existieren sollten, kann der Kunde Ihnen gleichwohl weiterhin treu bleiben, denn Fehler können jedem passieren. Viel wichtiger ist, wie man damit umgeht und wie schnell und effektiv (auch kommunikativ) Lösungen angeboten werden.

Ein zusätzlicher Bonus dabei sind Ihr gestärktes Selbstwertgefühl, ein gesunder Magen und gute Nerven – sowohl bei Ihnen als auch Ihren Kunden. Ist das nicht ein Angebot? Probieren Sie es einmal aus und schreiben Sie mir über Ihre Erfahrungen in Kommentaren! Ich bin schon jetzt gespannt darauf!

Das Judoka (Boxer)-Prinzip

Schlagen mal anders

Dies ist eine salonfähige Variante unserer instinktiven Kampfreaktion: couragiert, entschlossen, mutig und selbstbewusst.

*Jeder Mensch trägt einen Dämon in sich, der ihn reizt
und zu seinen Handlungen treibt.*
Sokrates

Ich hatte selbst einmal das Vergnügen, mit einem unglaublich charismatischen, talentierten und engagierten Chef zu arbeiten. Er war ein richtiger Visionär, ein wahres Energiebündel und ein Fachmann auf seinem Gebiet. Vom Management gefürchtet, bei den Mitarbeitern beliebt, machte er es jedoch durch seine cholerische Art den Menschen nicht leicht, mit ihm auszukommen. Eines Tages, gestresst und überwältigt von Aufgaben, platzte er mit dem folgenden Spruch auf mich los: „Sie sind wohl nicht ganz dicht! Da werden wir uns wohl alle einen neuen Job suchen müssen!" Geübt im Konfliktisch, habe ich vieles bei ihm durchgehen lassen. Dies war jedoch einfach „too much" (zu viel des Guten). „Da haben Sie aber wirklich recht", erwiderte ich scharf. „Da müssen wir – also ICH – mir dann einen neuen Job suchen. Ich verstehe Ihre Aufregung und Unzufriedenheit. Den Ton lasse ich mir jedoch nicht gefallen. Danke für Ihr Verständnis." Somit war der Rubikon überschritten und von mir klar ein „Stopp-Schild" aufgestellt. Unglaublich, aber wahr: Mein Chef entschuldigte sich dann bei mir, und ab dem Moment waren wir ein tolles Team.

Bei allem Respekt und Verstand – manchmal geht es einfach nicht anders. Wenn man Sie öffentlich denunziert, Sie auslacht, Ihre Kompetenzen anzweifelt oder Sie respektlos behandelt, Ihre Privatsphäre verletzt und manchmal sogar „an die Wäsche geht", muss man seinen Mann/seine Frau stehen. Das ist die Grenze, und sie muss deutlich markiert werden: Bis hierher und nicht weiter! Mit derartigen Ausdrücken testen unsere Mitmenschen oft unsere Verträglichkeitsspanne. Kalt – wärmer – heiß – glühend heiß – Dampf! Nach dieser Klarstellung kann ein faires Spiel beginnen, bei dem es gleichberechtigte Partner und Kollegen gibt.

Hier folgen zwei dazu passende Methoden.

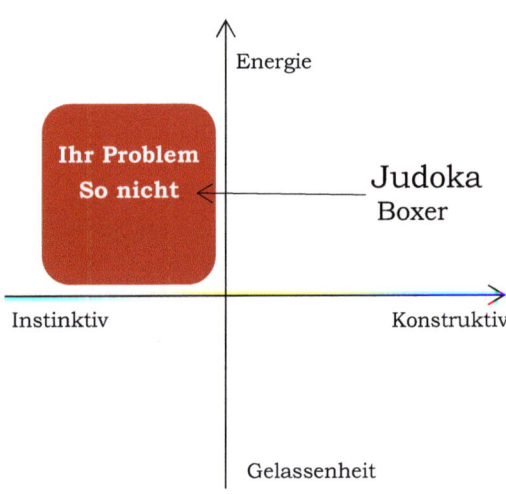

Abbildung 21. Das Judoka-Prinzip (Eigene Darstellung)

11. Die Ihr-Problem-Methode

Wie der ehemalige Bundeskanzler Gerhard Schröder in einem Interview einmal gekontert hat: „Es ist Ihre Version der Wahrheit, jedoch nicht DIE Wahrheit."

Dabei stellen Sie unmissverständlich klar: Jeder hat seine Meinung, und das ist gut so! Jemand behauptet z. B.:

- *Die Qualität Ihrer Produkte ist unterdurchschnittlich.*
- *Ihre Bemerkungen sind unpassend.*
- *Ihre Antworten gefallen mir nicht.*
- *Sie sind unprofessionell.*
- *Sie haben einen schrecklichen Geschmack.*
- *Du redest ununterbrochen!*
- *Sie haben es bisher noch zu nichts gebracht. Wie können Sie mir jetzt Ratschläge erteilen!*
- *Sie haben die Grundlagen immer noch nicht verstanden!*
- *Du bist nicht realistisch.*
- *Das überzeugt mich nicht.*
- *Ihre Fragestellung finde ich unmöglich.*
- *Was Sie vorschlagen widerspricht dem gesunden Menschenverstand!*
- *Ich finde, Sie sind total leichtsinnig!*

Ihre möglichen Reaktionen können so aussehen:

- **Das sehen SIE so!**
- **Sie finden, dass ... Pech für Sie!**
- **Das ist Ihre persönliche Meinung.**
- **Ich weiß nicht, woher Sie diese Informationen haben. Fakt ist ...**
- **Ja, so ist es. Haben Sie ein Problem damit?**

Bei einer Pressekonferenz nach der Wahl zum Gouverneur Kaliforniens wurde Arnold Schwarzenegger von einem Journalisten gefragt:

- „Stimmt es, dass Sie Ihre Karriere als Modell in einem Pornomagazin begonnen haben?"
- „Das ist keine Neuigkeit. Ihre nächste Frage bitte!", erwiderte der Terminator.

Und last but not least, unsere letzte Methode.

12. Die So-nicht-Methode

Dies ist die schärfste und schlagfertigste Methode von allen. Hier geht es nicht mehr um lustig, humorvoll, verständnisvoll, zurückhaltend oder konstruktiv. Jetzt ist es unser voller Ernst – aus die Maus. Jetzt geht es um unsere Würde, unser Ansehen, unseren Ruf und um unsere Zukunft. Somit stehen wir auf, schauen unserem Gegenüber direkt in die Augen und sagen: „Nein, falsch! So geht es nicht!"

Eine kurze Übung wird dies kurz verdeutlichen und klarstellen. Jemand sagt zu Ihnen z. B.:

- *Sie sind noch ein richtiger Milchbubi!*
- *Bei so einer Idee muss ich an Ihrem Verstand zweifeln.*
- *Sind Sie blöd oder kurzsichtig?*
- *Wieso sind Sie so bockig?*
- *Wie ich sehe, geht bei Ihnen einiges daneben.*
- *Offensichtlich sind Sie nicht gut vorbereitet.*
- *Mach' kein Fass auf! Rege dich doch nicht so auf!*
- *Haben Sie Ihre Hörner verloren?*
- *Sie werden doch wohl nicht sagen wollen, dass ...*
- *Sie werden mir doch recht geben, dass ...*
- *Nennen Sie mir bitte mindestens 2 Nachteile Ihrer Dienstleistung.*

- *Ihre Informationen stimmen nicht.*
- *Soll ich Sie heute oder morgen anrufen?*
- *Sie sind ein schlechter Verkäufer.*
- *Welche negativen Eigenschaften haben Sie?*
- *Warum sind Sie so unbeliebt?*
- *Sie haben schon wieder einen Fehler gemacht!*

Normalerweise reagiert man auf solche Kommentare mit Kampf oder Flucht, mit einem Gegenangriff oder mit Rechtfertigungen. Das kann aber auch anders werden, wenn vorher geübt und trainiert wird! Wir können dann im Ernstfall viel entspannter und souveräner reagieren. Ihre Standardreaktionen könnten so aussehen:

- **Was soll das? Bleiben Sie bitte sachlich!**
- **Nein falsch. Richtig ist ...**
- **Da haben Sie wohl einen falschen Eindruck erhalten. Fakt ist ...**
- **Doch, bin ich ...**
- **Das stört mich. Bitte lassen Sie das. Danke.**
- **Lassen Sie mich zuerst über die Vorzüge unserer Dienstleistung reden.**
- **Nein, gar nicht. Danke.**
- **Sie sind alkoholisiert. Wir reden, wenn Sie wieder nüchtern sind. Auf Wiedersehen!**
- **Ja, ich habe einen Fehler gemacht und es tut mir leid. SIE haben mich**

persönlich angegriffen. Ich erwarte eine Entschuldigung.
- **Achten Sie bitte auf Ihre Ausdrucksweise. Wir reden wieder, wenn Sie den richtigen Ton gefunden haben. Danke.**

Besonders tückisch sind Fragen, die als Feststellungen auftreten.

Vergleichen Sie:

- *Hat Ihr Produkt irgendwelche Nebenwirkungen?*

oder
- *Haben Sie die Nebenwirkungen Ihres Produktes schon beseitigt?*

- *Sind Sie ehrlich zu Ihren Kunden?*

oder
- *Sind Ihre Unehrlichkeiten gegenüber Kunden schon jemandem aufgefallen?*

Vorsicht ist auch bei Fragen mit vorhergehenden Aussagen geboten. Diese können positiv oder negativ sein, z. B.:

- *Sie sind eine nette junge Dame.* (+)
  Werden wir jemals etwas Vernünftiges aus Ihrem Munde hören? (–)
- *Sie sind eine Person ohne Manieren.* (–)
  Was ist eigentlich das Geheimnis Ihres Erfolges? (+)

Um nicht in die Falle zu tappen, empfiehlt sich die Richtigstellung von Tatsachen. „Schlucken" Sie keine Sie diffamierende, beleidigende Aussagen. Bleiben Sie bei Ihrem Thema und fangen Sie nicht mit Rechtfertigungen und aus dem Nähkästchen-Plaudern an:

- **Das darf man nicht so stehen lassen.**
- **Ich muss klarstellen ...**
- **Werden Sie bitte sachlich. Danke.**

Es ist dabei äußerst wichtig, sich die ganze Aussage ruhig und bis zum Schluss anzuhören **und nicht auf das vorgegebene Szenario einzugehen.** Bleiben Sie bei Ihrem Punkt, betonen Sie die Vorteile und präsentieren Sie die positiven Fakten: sachlich, nüchtern und selbstbewusst.

Auf Besonderheiten von öffentlichen Reden und Vorstellungsgesprächen gehen wir in den nächsten Buchabschnitten genauer ein. Bleiben Sie gespannt!

Konflikte bei öffentlichen Auftritten

So ein Blödsinn!

Dieses Kapitel ist für diejenigen, die ihre Reaktionsfähigkeit beim Publikum verbessern möchten. Ein praktischer Algorithmus, vorgestellt in dieser Passage, soll Sie bei diesem heldenhaften Vorhaben zusätzlich unterstützen.

Eins-zu-eins-Gespräche im privaten und beruflichen Umfeld unterscheiden sich sehr von Vorträgen, Seminaren und Präsentationen vor einem größeren Publikum (acht und mehr Personen, bekannte und insbesondere unbekannte). Nicht umsonst zählt das Lampenfieber zu der zweitgrößten menschlichen Angst (nach der Todesangst). Warum ist es für uns so schwierig, uns vor eine Gruppe zu stellen und unseren Standpunkt laut zu vertreten und unser Wissen weiterzugeben? Laut einer gängigen Erklärung gehört es zu unserer archaischen Befürchtung, sozial ausgegrenzt und bestraft zu werden durch die Gemeinschaft, sofern wir von dieser nicht akzeptiert werden. Somit ist es sicherer, nicht aufzufallen und in der Masse zu bleiben.

Wenn sie öffentlich auftreten, separieren Sie sich von der Gruppe: Auf der einen Seite stehen Sie, der Redner bzw. die Rednerin, und auf der anderen Seite das Publikum. Das Letztere „verschmilzt" auf magische Art zu einer Einheit, zu einer Gruppe. Man vergleicht diese Interaktion oft mit einer Beziehung zwischen Mann und Frau, wobei der Redner, ganz unabhängig von seinem Geschlecht, die männliche, und die Zuhörer die weibliche Rolle einnehmen[9]. Wie im Tanz gibt der/die Vortragende den Takt, das Tempo und die Richtung an. Von seinem Geschick, seiner Übung und seinen Taktiken hängt es ab, ob die Frau (das Publikum) ihm hört, folgt und treu bleibt.

Wenn Sie eine Frau, also eine Rednerin, sind, müssen Sie sich keiner Geschlechtsumwandlung unterziehen, sondern Sie können sich, zum Beispiel, in die Rolle einer *Gastgeberin* versetzen, welche Ihre Gäste empfängt, sie unterhält und, wenn es unumgänglich ist, auch zurechtweist. Wichtig ist dabei Ihr Business-like-Look (keine Mini-Röcke, keine durchsichtigen Blusen, kein auffälliges Make-up) und ein sachlicher, wohlwollender und freundlicher Umgang mit allen Teilnehmern (kein Flirten mit männlichen Gästen). Andernfalls verlieren Sie die Aufmerksamkeit und den Respekt Ihrer Zuhörer: Der weibliche Teil des Publikums wird Sie dann mit Aggressivität und Rivalität empfangen, von der männlichen Zuhörerschaft erhalten Sie zwar einiges Interesse, jedoch wohl nicht geschäftlicher, sondern mehr privater Natur. Ausnahmen gibt es natürlich auch hier, insbesondere bei einigen schon als Marke etablierten Rednerinnen und Rednern. Sie wissen auf jeden Fall Bescheid und wählen die für Sie passende Strategie aus.

Wie geht man dabei mit Konflikten um?

Zum besseren Verständnis schlage ich Ihnen ein Drei-Schritte-Modell vor:

1. Prävention
2. Beobachtung
3. Aktion

1. Prävention

Vorsorge ist besser als Nachsorge. Aus diesem Grund wird von vornherein eine freundliche und konstruktive Atmosphäre geschaffen: Der Redner erweckt Sympathien und signalisiert positive Absichten. „Ich bin Ihr Freund! Keine Angst! Ich bin einer von Ihnen ... Als ich so alt war wie Sie ... Ich habe auch BWL studiert ... Ist es hell genug? Soll ich das Fenster aufmachen?" Falls der Rahmen des Vortrages es zulässt, versucht er, die Teilnehmer schon vor der Aktion persönlich zu begrüßen, in der Pause Kontakt mit einem (eventuellen) Kritiker aufzunehmen, den Gruppenführer um einen Gefallen zu bitten (Listen austragen / ausfüllen), ihn zu seinem Komplizen zu machen. Eine klare Struktur und Kenntnis vom vereinbarten Ablauf verhelfen ebenfalls zu einem reibungslosen Ablauf der Rede. „Am Anfang erfolgt der Vortrag. Im Anschluss haben Sie die Gelegenheit für Ihre themenspezifischen Fragen."

2. Beobachtung

Nach einer gründlichen Vorbereitung kommen wir zum eigentlichen „Tanz". Anfänger oder Fortgeschrittene, Profis oder Amateure – mit jedem von ihnen müssen wir den Takt und das richtige Tempo finden. Falls er/sie aus der Puste kommt oder Langeweile verspürt, ist es sinnvoll, Pausen einzulegen und Interaktionen zu starten. Dabei sind ihre **Bedürfnisse**[10]

179

ständig zu berücksichtigen: Nach **Sicherheit** (keine öffentlichen Blamagen bei Übungen, wohlwollende Feedbacks, keine Show-Hypnosen), nach **Abwechslung** (praktische Übungen, Austausch, Vortrag), nach **Anerkennung** (Loben, Erfolgserlebnisse), nach **Wachstum** (Erlangen vom praktischen Wissen). Geübte Rhetoriker beobachten ihre Zuhörer genau und sind imstande, rechtzeitig auf deren Stimmungsänderungen zu reagieren, mit einem Themenwechsel, mit praktischen Übungen, motivierender Musik, Kaffee-Breaks und anderen Mitteln mehr.

3. Aktion

Welche Besonderheiten sind bei der Beantwortung von Fragen und kritischen Bemerkungen während einer Rede zu beachten?

Wie schon vorher erwähnt – Ihre Gäste empfinden eine innere Bindung zueinander. Kommentare von einem einzelnen Teilnehmer sind somit auch als Beiträge der ganzen Belegschaft zu verstehen. Es ist sinnvoll, bei der Antwort auf einen *positiven Ton* und eine *respektvolle Reaktion* zu achten. Hören Sie sich die Frage bis zum Ende an, nicken Sie, zeigen Sie Verständnis; bestrafen Sie Ihre Zuhörer nicht, bleiben Sie sachlich, freundlich und ehrlich. Sie sind ein Know-how-Träger, ein Experte auf einem bestimmten Gebiet, jedoch *kein Allmächtiger* und *kein Allwissender*. Es kann auch passieren, dass der Teilnehmer selbst bestens

Bescheid weiß, Sie testen und sich selbst glänzend präsentieren möchte. Haben Sie *Mut zur Lücke.* Es ist besser, dies ehrlich zuzugeben, als die Zuhörer mit „Halbwahrheiten", mit „Halbwissen abzuspeisen".

- **Danke, es ist eine interessante/aktuelle/oft gestellte/schwierige/ knifflige/heikle/kompetente Frage.**
- **Man sieht, dass Sie Experte auf diesem Gebiet sind ...**
- **Das ist eine spezifische Frage. Wir können dies gerne im Anschluss an den Vortrag mit Ihnen besprechen.**
- **Ich bin mir nicht sicher. Ihre Frage schreibe ich mir gerne auf und melde mich dann nächste Woche bei Ihnen. Ist es so in Ordnung?**

Finden Sie **Gemeinsamkeiten** mit dem Angreifer, zeigen Sie Verständnis für seine Zweifel, geben Sie ihm recht:

- **Ja, ich verstehe Sie.**
- **Es ist eine berechtigte Frage, insbesondere wenn man ... berücksichtigt. Deshalb ist Ihre Frage nicht beleidigend für mich. Sie haben das Recht, zu wissen, in welche Hände ... gelangt.**

Wenn die Frage undeutlich formuliert wird, **fassen** Sie diese **kurz zusammen** und vergewissern Sie sich, ob diese von Ihnen richtig verstanden wurde:

- **Habe ich Sie richtig verstanden? Sie wollen wissen, ob ...?**

Bei Anmerkungen mit einem negativen Unterton ist es sinnvoll, sie zunächst **in eine sachliche und möglichst positive Aussage umzuformulieren** und diese im Anschluss, wie oben beschrieben, freundlich und wohlwollend zu erörtern.

- *Den Erfolg Ihrer Karriere haben Sie doch nur Ihren Eltern zu verdanken!*
- **Ich muss zugeben, meine Eltern haben mich am Anfang meiner Karriere mit Rat und Tat unterstützt. Dafür bin ich ihnen sehr dankbar. Würden Sie nicht für Ihre Kinder dasselbe tun?**

Ich habe selbst beobachtet, wie ein renommierter Kommunikationstrainer während seines Vortrages von einer seiner Studentinnen scharf kritisiert wurde:

- *Schämen Sie sich nicht, uns – als einflussreicher, intelligenter Mensch und anerkannter Experte im Bereich der Psychologie – unwissenschaftliche Techniken und Manipulationsmethoden vorzustellen? Wissen Sie, welchen Schaden diese*

auf Ihre „Versuchskaninchen" anrichten
können und welche Risiken sie bergen?

Der Berater hörte der ganzen Tirade aufmerksam und freundlich bis zum Ende zu, ohne mit der Wimper zu zucken. Dann wendete er eine der Agententaktiken an:

- **Ich verstehe Sie. Danke für Ihre ehrliche Meinung. Wir haben Ihre Frage gehört, kennen jedoch Sie noch nicht. Darf ich Sie bitten, sich uns vorzustellen?**

Weiterhin lobte er das Engagement der Studentin, ihr Wissen und ihren Lernwillen in höchsten Tönen, ohne dabei jedoch explizit auf ihren Kritikpunkt einzugehen. Die Dame freute sich über die ihr zuteilgewordene Ehre und Anerkennung, setzte sich zufrieden wieder auf ihren Platz und meldete sich bis zum Ende des Auftrittes nicht mehr.

Konflikte bei öffentlichen Auftritten: Hier finden Sie eine grafische Zusammenfassung Ihrer möglichen Vorgehensweisen:

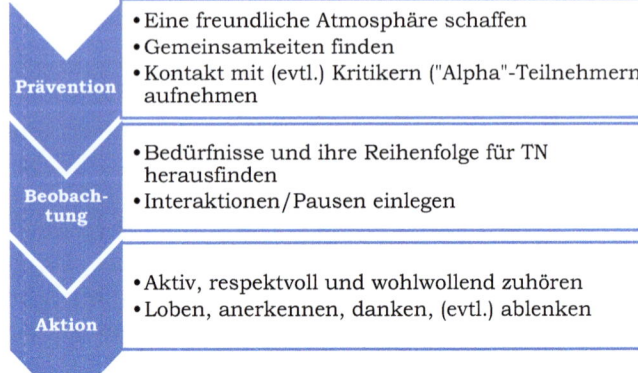

Abbildung 22. Konfliktmanagement/Das Drei-Schritte-Modell (Eigene Darstellung)

Kommentare, Fragen, Beiträge von Teilnehmern kann man grob in drei Kategorien unterteilen:

- *Deutliche* Fragen (*positiv* oder *negativ*)
- *Undeutliche* Fragen (schwammig formuliert, unklar, mehrdeutig zu interpretieren etc.)
- *Keine* Fragen (Feststellungen, Zwischenrufe)

Wie man darauf reagieren kann, finden Sie in dem unten aufgeführten Algorithmus:

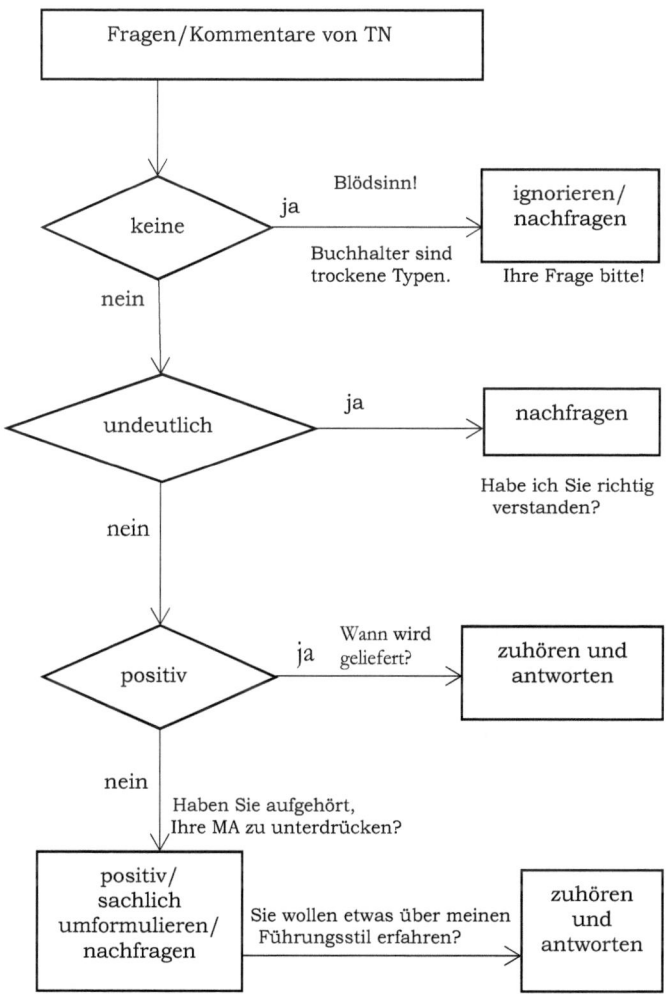

Abbildung 23. Das Fragenmanagement/Der Algorithmus
(Eigene Darstellung)

„Wie man in den Wald hineinruft, so schallt es heraus." So heißt es bekanntlich in einem Sprichwort. Das ist auch unsere normale Autopilot-Reaktion. Probieren Sie dieses Mal etwas anderes:

- **Lassen Sie Ihren Angreifer sich vorstellen,**
- **loben Sie Ihn, präsentieren Sie ihn dem Publikum,**
- **danken Sie ihm für seinen Beitrag/ geben Sie ein ehrliches Feedback,**
- **zeigen Sie Ihre ehrliche Anerkennung seiner Kompetenz und seines Wissensstandes.**

Somit zollen Sie dem Provokateur den ersehnten Respekt, bleiben sachlich und müssen oft nicht einmal auf das Kritikthema eingehen. Ein Konflikt wird auf diese elegante Weise schon im Keime erstickt.

Komplimente sind Ihre Asse in verbalen Auseinandersetzungen – sie helfen Ihnen in scheinbar ausweglosen Situationen. Machen Sie öfters davon Gebrauch! Wir gehen im nächsten Kapitel im Detail darauf ein.

Die Macht der Komplimente

Toll gemacht!

Es gibt nicht nur „Kampf oder Flucht".
Hier geht es um ehrliches Loben,
aufrichtige Bewunderung
und Anerkennung.

*Ein süßes Wort erfrischt oft mehr als
Wasser und Schatten.*
Buddha

Nix gschwätzt isch Lob gnuag.
Eine schwäbische Redensart

Ins Hochdeutsche übersetzt, heißt das
„Nichts gesagt ist Lob genug!"
Einmal besuchte ich mit meinen schwäbischen Freunden ein Seminar eines bekannten amerikanischen Professors. Der Redner war sehr mitreißend und erzählte sehr bildhaft, mit viel Humor und Engagement. Wir haben viel geübt, gelacht und gelernt. Am Ende klopften alle Teilnehmer mit den Fäusten auf den Tisch und gingen kommentarlos nach Hause. Ich hatte noch einige Punkte zu klären und kam so mit dem Dozenten ins Gespräch. Nachdem alles Themenspezifische diskutiert war, fragte er mich im Anschluss nach meiner ehrlichen Meinung zu seinem Vortrag:

- „War etwas nicht in Ordnung?", wollte er besorgt wissen.
- „Im Gegenteil", erwiderte ich. „Es hat uns sehr fasziniert. Über einige Methoden haben wir tatsächlich zum ersten Mal von Ihnen gehört. Ich danke Ihnen für diese wertvollen Erkenntnisse."
- „Seltsam", gab er ebenso ehrlich zu. „Normalerweise, also in Amerika, erhalte ich im Anschluss viele Fragen, positive

Kommentare und Rückmeldungen von Studenten. Wenn sich dort, wie heute, niemand meldet, bedeutet das ein richtiges Desaster – das Thema und/oder die Darstellung waren miserabel und unterdurchschnittlich."

- „Bei uns gilt das Gegenteil", lachte ich. „Wenn etwas nicht stimmen würde, würde wir Sie das wissen lassen."

Kennen Sie das auch? Ist es eine „typisch deutsche" Art des Umganges miteinander?
Man muss zugeben, etwas Wahres ist dran. Jedoch Vorsicht bei Pauschalisierungen! Es ist europäisch, es ist menschlich. Wir haben Scheu, Bedenken, zu viel Stolz (?), Angst und Neid (?), um unsere Bewunderung, unsere Freude und Begeisterung für andere zu zeigen.

„Er/sie könnte wer weiß was von sich denken! Besser etwas mehr Distanz. Es kann auch missverstanden werden! Bedeutet dies – ich bin schlechter?"

Insbesondere im Berufsleben geht man sehr sparsam mit Anerkennung um. Sie gilt als unprofessionell und lässt die notwendige Distanz verschwinden. „Es ist doch eine billige Schmeichelei! Das merken doch die anderen!"
Ich habe die Erfahrung gemacht, dass Menschen „gierig" allerlei ehrliche Komplimente aufsaugen. Sie bleiben kurz „stehen", hören gebannt den so wohltuenden Worten zu und blühen sichtlich auf.

- **Wie toll du heute aussiehst!**
- **Ich bewundere deine Durchsetzungskraft und den starken Willen!**
- **Ich genieße unsere Gespräche.**
- **Es ist mir eine Ehre, mit Ihnen zu arbeiten.**
- **Ich schätze deine Meinung sehr.**
- **Wie toll und elegant du dich kleidest!**
- **Deine Meinung ist mir sehr wichtig.**

Ist es so schwierig? Fällt ein Zacken aus unserer Krone, falls wir an unsere Partner ab und zu solche Kommentare geben?

„Das ist doch schleimig!", höre ich oft als Kommentar. Würden SIE sich über solche aufrichtigen Meinungen ärgern?

Jeder hat etwas Tolles zu präsentieren: ausdrucksvolle Augen, Eleganz, Geschmack, den Sinn für Humor, Zuverlässigkeit, Zielstrebigkeit, Charakter, Expertise, Lernwillen und Treue.

Warum das nicht laut sagen?

Zugegeben, Komplimente werden ab und zu auch für Manipulationszwecke missbraucht, um uns gefügiger und gesprächiger zu machen.

- Sie sind als ein großzügiger Mann bekannt. Wie viel möchten Sie für unseren Verein spenden?

- Sie haben enorm viel praktisches Wissen. Was ist das Geheimnis Ihrer Popularität?

Bleiben Sie wach und bilden Sie sich weiter.

Wissen ist Macht.
Francis Bacon

Wenn Sie nichts wissen, macht das auch nichts. :-)

Keine Angst vor Vorstellungs-
gesprächen!

Probiere, in meinen Schuhen
zu laufen!

Das nachfolgende Kapitel behandelt kommunikative Besonderheiten bei Interviews. Durch einen Perspektivenwechsel und ein kurzes „Joggen in den Schuhen vom Arbeitgeber" versucht die Autorin, Ihnen die Angst und Anspannung bei dieser Art von Gesprächen zu nehmen und diese in eine partnerschaftliche Kommunikation auf der gleichen Augenhöhe zu verwandeln.

*Für den ersten Eindruck gibt es keine
zweite Chance.*
Arthur Schopenhauer

Sie haben sicherlich IHRE Erfahrungen mit Vorstellungsgesprächen. Egal, wie alt und wie gut vorbereitet wir sind, es ist immer eine Stresssituation: Wir treffen neue unterschiedliche Menschen, denen wir unsere Schokoladenseite zu präsentieren versuchen. Innerhalb kürzester Zeit werden wir auf Herz und Nieren geprüft, müssen oft aus tiefsten Ecken unsere Laster und Geheimnisse offenbaren oder versuchen, diese sorgfältig vor ihren geübten, alles sehenden Augen zu verstecken. Qualifikationen spielen bei dieser Bewerbungsstufe weniger eine Rolle – die Einladung selbst ist schon eine Bestätigung, dass wir über die erforderlichen Kompetenzen verfügen. Auf die Chemie, auf den Charakter, auf das Zwischenmenschliche kommt es dabei an. Das ist der größte Unsicherheitsfaktor, und zwar für beide Seiten.

- *Erzählen Sie doch bitte mal etwas über sich ...*
- *Welche Eigenschaften möchten Sie an sich selber ändern?*
- *Weshalb ist Ihr Studium so schlecht gelaufen?*
- *Welche Laster haben Sie?*
- *Was würden Sie über Ihren Ex-Chef sagen?*

Humorvolle, scharfe Reaktionen, negative Selbstdarstellungen und Einschätzungen sind in diesem Falle deplatziert. Aussagen wie die folgenden sollten also tunlichst unterbleiben!

- **Sie zuerst!**
- **Ich mag mich so, wie ich bin.**
- **Mein Studium ... Apropos, da fällt mir ein passender Witz dazu ...**
- **Meine Laster liegen zu Hause, im Safe gut verschlossen.**
- **Ehrlich oder freundlich? Man sagt, mit dem Ex ist es wie mit Verstorbenen: Entweder nur Gutes, oder gar nichts erwähnen.**

Solche Aussagen würden Ihnen sicherlich keine Pluspunkte verschaffen. In einer solchen Situation ist eher ein defensives Verhalten angesagt. Humor ist bei solcher Art von Treffen nur mit Vorsicht einzusetzen.

Doch wie soll man dann antworten, um einerseits ehrlich und authentisch, andererseits positiv und „ansprechend" unsere Vorteile in den Vordergrund zu rücken? Es gibt reichlich Literatur zu diesem Thema. Heute möchte ich Ihnen die allgemeine Richtung demonstrieren, Ihre Sorge, Ihren Stress minimieren und die Kehrseite, die Backstage-Küche, ins Rampenlicht rücken.

Bei der Vorbereitung zum Vorstellungsgespräch denken wir oft an uns, an unsere Qualifikationen, an unsere praktischen Erfahrungen und unsere eigenen persönlichen

Eigenschaften, die wir in den Vordergrund rücken oder besser kaschieren sollten.

Es gibt jedoch auch die Kehrseite – die Seite der Arbeitgeber und unserer zukünftigen Kollegen.

- Wer sind sie?
- Was ist der Grund für die Neubesetzung?
- Welches Betriebsklima, welchen Führungsstil, welche Philosophie hat das Unternehmen?

Neue Mitarbeiter bedeuten für die Firma selbst viel Unruhe und Verschiebung von innerbetrieblichen „Machtverhältnissen".

Beide Seiten begegnen sich mit Vorsicht und versuchen, sich bestmöglich zu verkaufen. Politische Korrektheit ist für beide Partner keine ausreichende Lösung. Wie meine Mutter zu sagen pflegt:

„Es ist einfach, zu heiraten. Jedoch verheiratet zu bleiben – das ist eine Kunst."

Genauso ist es auch hier: Sie können mit gut geübten Antworten die lang ersehnte Stelle erhalten. Doch danach auf dieser beruflichen Position zu bleiben, das wird ein hartes Stück Arbeit sein. Und Sie müssen bedenken – es wird auch ein beträchtlicher Abschnitt Ihres wertvollen Lebens sein.

Wie durchkreuzen geübte Personaler unsere Pläne, mit welchen kommunikativen Tricks gelingt es ihnen, unsere wahre Natur, unser Gesicht hinter der Maske zu entdecken? Wollen Sie es wissen?

Um die andere Seite (Personaler/Arbeitgeber) zu verstehen, lohnt es sich, sich deren Schuhe anzuziehen und darin ein Stück zu laufen. So finden wir die Antworten auf drei entscheidende Fragen:

1. Worauf wollen die Arbeitgeber hinaus?
2. Auf welche Qualitäten achten sie besonders?
3. Welche Techniken benutzen sie dabei?

Die Quintessenz von dem Ganzen sieht folgendermaßen aus:

1. Das Ziel der ganzen Fragerei ist, unseren **Charakter** (den stabilen, schwer veränderbaren Teil unserer Persönlichkeit) und die **Gewichtung**/die Reihenfolge von unseren **Bedürfnissen**[10] festzustellen.

Das Erste ist wichtig, um unsere Eignung für die Stelle zu ermitteln, das Zweite – um unsere „Beweggründe" herauszufinden (Das bezieht sich auf die Motivationsmethoden in Bezug auf uns bei der weiteren Wirkung im Unternehmen.) Natürlich gilt es auch, die „Chemie" zu testen, unsere soziale Kompetenz, unsere Loyalität und unseren Stil.

Was denken Sie: Ist die **Hilfsbereitschaft** immer eine löbliche Charaktereigenschaft?

Die Antwort ist *nein*.

Hilfsbereite Finanzbuchhalter, Auditoren oder Sicherheitsbeauftragte sind untauglich für ihre Berufe. Für eine solche Position sollte der geeignete Kandidat penibel, exakt, detailorientiert und misstrauisch sein.

Was ist mit der **Liebe zum Detail**, der **Genauigkeit** und der **Gründlichkeit**?

Bei Vertrieblern oder Unterhaltern sind diese löblichen Eigenschaften eher vom Nachteil.

In Bezug auf Bedürfnisse versucht der Arbeitgeber herauszufiltern, welche der weiterfolgenden Beweggründe für uns persönlich (momentan) am wichtigsten erscheinen: das Bedürfnis nach

- *finanzieller Sicherheit*
  (z. B. für Familienväter und Mitarbeiter, welche gerade ein Eigenheim finanzieren)
- *Abwechslung bei der Arbeit*
  (vielfältige und junge Arbeitnehmer)
- *sozialen Kontakten*
  (junge, extrovertierte Persönlichkeiten, Singles)
- *Status/Anerkennung*
  (cholerische, ambitionierte Persönlichkeiten, welche einen gewissen Wohlstand schon erreicht haben, etc.)
- *persönlicher Weiterbildung* und *persönlichem Wachstum*
  (wissensdurstige Menschen etc.)
- *Leidenschaft für den Beruf*
  („etwas Großes schaffen" – engagierte Mitarbeiter, Spezialisten aus Berufung)

Und warum wollen sie es herausfinden?

2. Wozu will der Arbeitgeber unsere **Motivationsgründe** wissen?

Um uns zu mehr **Effektivität**, zu mehr Freude an der Arbeit und zu mehr **Produktivität** anzuspornen.

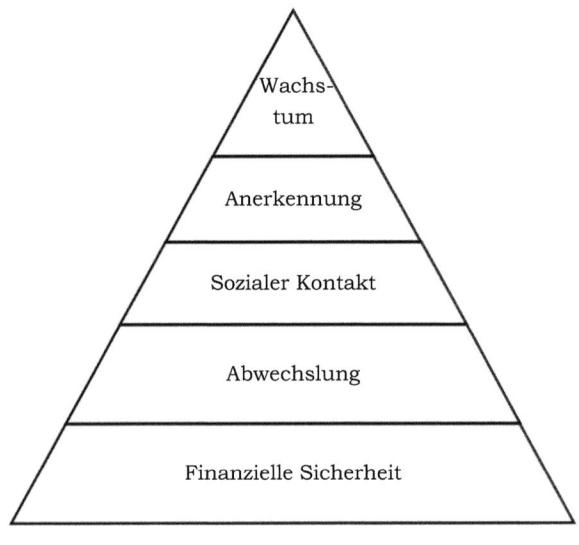

Abbildung 24. Maslowsche Bedürfnispyramide[10], angepasst an Beweggründe von Mitarbeitern am Arbeitsplatz. (Eigene Darstellung)

Es kann und muss nicht immer das Geld sein: Für den einen sind es die Finanzen, für den anderen eher Wachstum (Schulungen), mehr Verantwortung, oder die Erweiterung von Horizonten (Dienstreisen, Auslandsaufenthalte), für den dritten können es soziale Kontakte bzw. angebotene außerbetriebliche Aktivitäten sein.

Wie gesagt: Wir alle haben dieselben Motivationsgründe, unterschiedlich für jeden einzelnen sind nur deren *Reihenfolge und Wichtigkeit* (Gewichtung).

3. Es gibt eine Reihe von **Techniken**, um unsere wahre Persönlichkeit hinter der politischen Korrektheit herauszufinden.

Die wichtigsten sind dabei psychologischer Natur und basieren auf unserer **Neigung zur Übertragung und Projektion**. Wir sehen die anderen als unsere Spiegel, wir schreiben ihnen unbewusst unsere Interessen, geheimen Wünsche und Ängste zu.

- „Sind Sie ehrlich und verantwortungsbewusst?", fragt man uns zum Beispiel.

Wer ist so kopflos und würde dies verneinen? Deshalb gehen Interviewer um den heißen Brei herum, z. B. mit solchen Fragen:

- *Sie haben so etwas sicherlich schon selbst erlebt: Es gibt Mitarbeiter, die auch ohne die Kontrolle von Vorgesetzten sehr gewissenhaft arbeiten; andere wiederum erledigen bei jeder Gelegenheit ihre*

201

privaten Angelegenheiten, machen oft Rauch- und Kaffeepausen, lassen sich krankschreiben. Warum gibt es solche Unterschiede? Was denken Sie dazu?

Antwort-**Variante A**

- Die ersten sind gewissenhaft, weil sie Angst haben, erwischt zu werden; sie sind nicht so gesprächig und haben viel zu tun. Die zweiten fühlen sich höchstwahrscheinlich unterbezahlt und gelangweilt bei der Arbeit.

Antwort-**Variante B**

- Die ersten sind vermutlich so erzogen, sie achten auf ihren Ruf. Die zweiten könnten unmotiviert, gelangweilt, am falschen Ort, keine Spezialisten in ihrem Fach sein.

Wie Sie sehen, hat jeder in der Tat von sich selbst gesprochen.

- Für wen entscheidet sich schlussendlich der Arbeitgeber?
- Höchstwahrscheinlich für den zweiten Kandidaten – er ist ehrlich und gewissenhaft erzogen, achtet auf seinen Ruf und legt viel Wert auf die Qualität seiner Arbeit.

Ob wir es glauben oder nicht: **Arbeitgeber sind auch Menschen.** Es ist für sie eine Mammutaufgabe, in der kurzen Zeit der Interviews einen einzigen passenden Kandidaten zu finden, der von seinen Charaktereigenschaften her optimal zu der ausgeschriebenen Position, zum Gesamtteam und zum Unternehmen passt; der ehrlich und gewissenhaft ist und dem Unternehmen lange erhalten bleibt. Nicht nur wir, die Kandidaten, stehen beim Interview mächtig unter Strom, die Arbeitgeber nicht weniger.

Dieses Hintergrundwissen hilft Ihnen hoffentlich, das ganze Interview nicht mehr als eine Schikane, sondern als einen Dialog unter ebenbürtigen Gesprächspartnern anzusehen. Bereiten Sie sich gut darauf vor (das ist klar) und ... gehen Sie selbstbewusst und authentisch in das Gespräch hinein. Es soll schließlich eine lange, erfolgreiche und respektvolle Beziehung werden.

Ich wünsche Ihnen viel Erfolg auf diesem Wege!

203

Das Beste zum Schluss

Das Sahnehäubchen für Konfliktisch

Dies ist das Sahnehäubchen auf Ihrem Konfliktisch-Kuchen. Hier finden Sie ein paar Feinheiten, elegante Redewendungen und Formulierungen für Ihre gelungene Kommunikation in Konfliktsituationen.

*Betrachte einmal die Dinge von einer anderen
Seite, als du sie bisher sahst, denn das heißt,
ein neues Leben beginnen.*
Marc Aurel

Wer fragt, bekommt auch eine Antwort.
Angriff – Kampf oder Flucht. So sind wir geschnitzt, so sind wir konditioniert. Wie Pawlowsche Hunde[11]: Ein Reiz (ein Spruch) und schon reagieren wir mit reflexartigen Reaktionen (Kampf/Flucht). Es ähnelt auch einem Wasserwirbel: Wir werden eingesaugt in diese gewaltige Kommunikations-Strömung und können uns kaum ihrer mächtigen Gewalt entziehen.

„Antworte gefälligst, wenn man dich fragt!" Das hat man uns vor langer Zeit als gute Manieren beigebracht. Bei Fragen mit „Warum", „Ein Ei oder zwei Eier", „Was wäre, wenn …" schalten wir automatisch unsere Autopilot-Funktion ein und reagieren mit vorhersehbaren „weil …", „Ein Ei", „ich würde …" Rückäußerungen.

- „Wie entkommen wir diesem Automatismus?"
- „Tief eintauchen und zur Seite springen", empfehlen geübte Schwimmer.

Direkte Gegenangriffe vergrößern oft die Gewaltspirale und geben nur zusätzlichen Zündstoff für unser Konflikt-Feuer:

- *Immer diese Meckereien!*

- *Du bist so schlampig!*
- *Du bist so aggressiv!*

Probieren Sie einen Sprung zur Seite, indem Sie *über Ihre Empfindungen dazu sprechen*, äußern Sie eine *Bitte* an Ihren Partner:

- **Ich finde es schade, dass wir alle konstruktiven Vorschläge zerreden und zu keinem Durchbruch kommen. Ich hätte so gerne eine Lösung des Problems gefunden.**
- **Mir zuliebe – könntest du es bitte aufräumen?**
- **Es macht mich traurig, dass unsere Diskussion oft so hitzig und destruktiv verläuft. Können wir zu einem gemeinsamen Nenner kommen?**

Solche einfachen Wendungen erzeugen wahre Wunder. Probieren Sie es, ich bin gespannt auf Ihre Eindrücke!

Eine weitere elegante Methode von Konfliktisch ist die *bildliche Darstellung* von Ereignissen. Damit gehen Sie in die Defensive und verdeutlichen die Situation für Ihren Gegenspieler, ohne ihn dabei zu verletzen.

> *Darum rede ich in Gleichnissen zu ihnen,*
> *weil sie sehend nicht sehen und hörend*
> *nicht hören noch verstehen;*
> *Matthäus, 10. 13*

Wie kann man zum Beispiel auf folgende „berechtigten" Einwände reagieren:

- *Wie können Sie uns Management-Skills (Fertigkeiten) beibringen, wenn Sie doch selbst nie ein Unternehmen geführt haben?*
- *Frisch von der Uni, nur mit theoretischen Kenntnissen – wollen Sie uns führen und Verbesserungsvorschläge erteilen!*
- *Wozu sollen wir Konfliktisch lernen? Es gibt viele andere, viel wichtigere und dringendere Bereiche in unserem Leben!*

Das sind fundierte Angriffe, und der Fragesteller hat sicherlich gute Gründe, so zu argumentieren und an der Kompetenz des Redners zu zweifeln. Man könnte wie gewohnt diskutieren und behaupten:

- Aber nein, Sie irren sich! Auch ohne praktische Erfahrungen ist es möglich, gut zu unterrichten. Ein Praktiker ist nicht immer der beste Lehrer etc.
- Wie können Sie so etwas behaupten! Das ist das A und O des Erfolges überhaupt! Dies erleichtert enorm unser Leben.

Wären Sie damit glücklich und überzeugt? Eher würden Sie jetzt erst recht auf Ihrer Meinung beharren. Angriff – Gegenangriff – nächster Angriff, noch stärkerer Angriff oder Rückzug (mit Racheabsichten) usw.

Ich schlage Ihnen folgende Vergleiche vor:

Männliche Gynäkologen (Frauenärzte) gelten oft als „kompetenter" im Vergleich zu ihren weiblichen Kollegen. Doch wie können sie ihr Handwerk überhaupt ausführen? Sie werden es nie nachempfinden, was es heißt, ein Kind unter ihren Herzen zu tragen; nie von eigenen Geburtenerfahrungen berichten können oder den monatlichen Zyklus und Hormonschwankungen nacherleben und damit nachempfinden. Und trotzdem gehen Frauen gerne und voller Vertrauen auch zu den männlichen Kollegen, wenn es um diese exklusive Frauenangelegenheit geht.

Oder ein **Venerologe**. Muss er selbst schon allerlei Geschlechtskrankheiten überstanden haben, um seine Patienten qualifiziert zu behandeln?

Genauso ist es mit Trainern, jungen Fachleuten und Managern.

Sie haben **zehn Finger**. Wenn Sie z. B. eine Wunde am kleinen Finger hätten, was würden Sie tun? Würden Sie diese nicht beachten und sie vereitern lassen? Nach dem Motto: Nicht so schlimm! Anderes ist wichtiger, und es sind noch neun andere Finger da! Höchstwahrscheinlich würden Sie jedoch schleunigst zum Arzt eilen und Ihren verletzten Finger behandeln lassen. Denn eine auf den ersten Blick harmlose Infektion am kleinen Finger könnte Auswirkungen auf die ganze Hand, auf den ganzen Körper haben!

Ähnlich ist es mit Konfliktisch.

Sie kennen sicherlich selbst Situationen, in denen Sie durch ein falsches Wort, einen unbedachten Ausdruck oder eine Handlung Ihren Freund, einen guten Kollegen oder Kunden für immer vergrault haben oder, umgekehrt, selbst das Vertrauen zu ihm verloren haben. Was wäre, wenn Sie Konfliktisch schon damals beherrscht hätten? Wären sie eventuell immer noch Freunde, gute Kollegen und loyale Geschäftspartner?

Konfliktisch ist nicht das Wichtigste im Leben. Es hilft jedoch vieles zu regeln, was uns wichtig ist.

Die Zusammenfassung

In der Kürze liegt die Würze

Alles auf einen Blick:

- der Konfliktisch-Baum
- das Konfliktisch-Diagramm

Nicht jeder ist so künstlerisch begabt, um naturgetreue Bilder von Menschen und der Natur zu zeichnen. Jedoch Skizzen, Strichmännchen und verschiedene geometrische Figuren kann jeder in Minutenschnelle zu Papier bringen und so seine Gedanken für den Betrachter/Gesprächspartner zu verdeutlichen.

Ähnlich ist es mit neuen Sprachen, in unserem Falle mit Konfliktisch.

In einer groben Struktur stelle ich Ihnen das Gerüst/die Grammatik/den Stamm von Konfliktisch vor. Hier finden Sie alle Methoden auf einen Blick in Form eines Baumes.

Das Thema „Kommunikation in Konfliktsituationen" ist sehr umfangreich, mit einer Reihe von Variationen, Ausnahmen, Abwägungen und Zielrichtungen. Das ist der Grund, warum viele es nicht einmal probieren, diese feine Kunst genauer unter die Lupe zu nehmen und in allen Einzelheiten zu erlernen. Beim Betrachten der Profis dieses Faches erscheint es recht unwahrscheinlich, diese unbegreifliche Lehre zu meistern.

Daher gestalten wir es kinderleicht, praktisch und humorvoll. Diese Baum-Skizze ist nicht das komplette Konfliktisch als Fach, als eine elegante Kommunikationsart; sie hilft Ihnen dennoch als eine wichtige Orientierungshilfe und dient als ein Überblick über alle in diesem Buch dargestellten Methoden. Halten Sie sich diese vor Augen, geben Sie ihnen im Verlauf der Zeit Ihren persönlichen Charakter; schmücken Sie diesen Baum mit Ihren feinen Ästen und

Blättern. Gestalten Sie aus diesem Gerüst Ihr wahres Meisterwerk. Schritt für Schritt, Ast für Ast, Blatt für Blatt.

Es ist noch kein Meister vom Himmel gefallen.

Ich wünsche Ihnen viel Erfolg und viel Spaß bei dieser Arbeit!

Der Konfliktisch-Baum

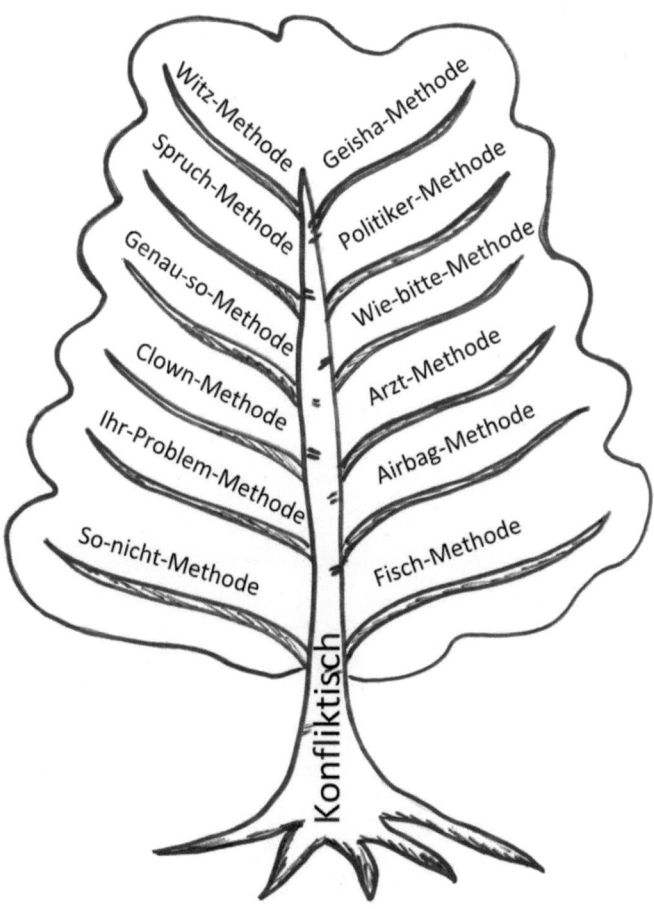

Abbildung 24. Der Konfliktisch-Baum (Eigene Darstellung)

Das Konfliktisch-Diagramm

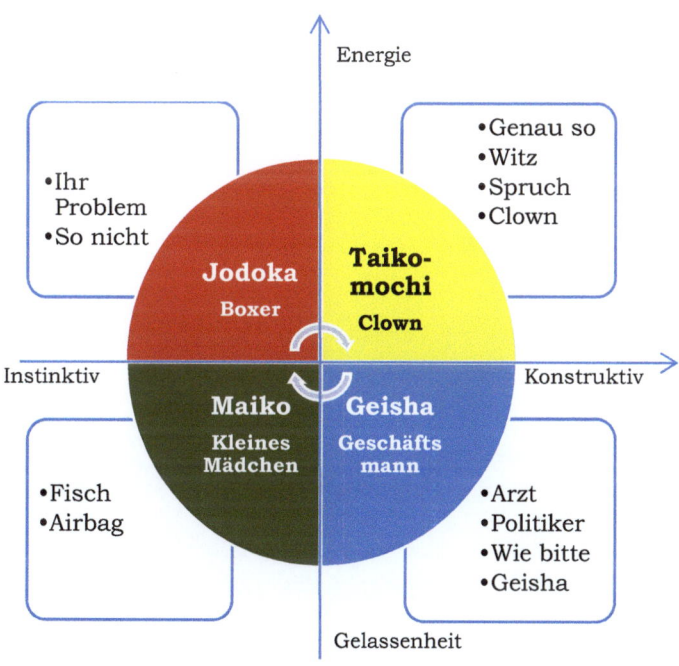

Abbildung 25. Konfliktisch/Die Gesamtübersicht
(Eigene Darstellung)

Das Schlusswort

Bis bald!

Werden Sie zu einem Polyglotten, lernen Sie nicht nur Englisch, Französisch, Spanisch, sondern auch Konfliktisch!

Wir sind alle soziale Wesen und kommunizieren nolens volens tagtäglich mit anderen Menschen: zu Hause, auf der Straße, in öffentlichen Einrichtungen und bei der Arbeit („im Geschäft", wie die Schwaben sagen ;-)). Und davon, ob diese Kommunikation uns Freude und Genugtuung oder Deprimiertheit und Konflikte beschert, hängen unsere emotionalen und psychischen Zustände, die Qualität unserer Beziehungen und nicht zuletzt unsere Gesundheit ab. Denn Konflikte, Streitigkeiten, Unstimmigkeiten, Widerstände und ständig unterdrückte Emotionen sind oft die Ursachen von verschiedenen seelischen und physischen Krankheiten. Deshalb gehört die Beherrschung einer Disziplin wie die der zwischenmenschlichen Kommunikation (in unserem Falle von Konfliktisch) zu den Hauptbestandteilen des Erfolges im Leben überhaupt.

Es ist bewiesen, dass beim Umgang mit Mitmenschen nicht (nur) dem IQ (einer zufälligen Zusammensetzung von Genen, angeborenen Talenten und Fertigkeiten), sondern dem EQ (den im Laufe des Lebens angeeigneten Fähigkeiten, situationsgerecht auf äußere Reize (Konflikte) zu reagieren) eine viel größere Bedeutung zukommt. Daher hat der EQ (Emotional Quotient) in der Kommunikation eine viel bedeutendere Rolle als der IQ.

Die Kunst, Konflikte zu vermeiden und zu lösen, einen gemeinsamen Nenner zu finden, „scharfe Kanten" der alltäglichen Kommunikation zu umschiffen und eigene Emotionen zu beherrschen – all dies sind die wichtigsten

Komponenten unseres Erfolges im Allgemeinen: bei der Arbeit, mit Freunden und nicht zuletzt in der Familie.

Unser ganzes Leben ist Kommunikation. Deshalb ist es so wichtig, diese Kunst bestmöglich zu beherrschen.

Überlassen Sie Ihr Leben nicht dem Zufall wie äußeren Umständen, Stimmungsschwankungen Ihrer Gesprächspartner, eigener Verbohrtheit und unpassenden, veralteten Sprachmustern! Sie können die Umstände, andere Menschen, oder das Wetter nicht ändern, jedoch liegt es in Ihrer Macht, Ihre Einstellung dazu und Reaktion darauf zu verändern. Werden Sie zu einem polyglotten Menschen, lernen Sie nicht nur Deutsch, Englisch, Spanisch oder Russisch, sondern auch Konfliktisch!

Ein Mann kaufte immer Schuhe, die zwei Nummern kleiner waren als seine tatsächliche Größe.

- *„Warum kaufen Sie keine passenden Schuhe?", fragte man ihn.*
- *„Wissen Sie, ich habe einen cholerischen Chef, mobbende Kollegen, eine zickende Ehefrau und einen Taugenichts-Sohn. Die einzige Freude empfinde ich immer abends … beim Ausziehen meiner Schuhe", antwortete der Mann.*

Ich wünschte, Sie würden keine zu engen Schuhe brauchen, um sich jeden Tag Glückserlebnisse zu verschaffen. Ob wir es wollen oder nicht – Konfliktsituationen, „schwierige" Menschen, widrige Umstände finden uns immer und immer wieder. Es liegt an uns, wie wir damit umgehen.

Seien Sie schlagfertig, selbstbewusst, humorvoll und optimistisch! Es ist Ihr Erfolg, Ihr Glück, Ihr Leben!

Wie geht es weiter?

Jetzt kennen Sie die Theorie und die Grund-struktur von Konfliktisch und können im An-schluss daran mit der Praxis beginnen. Üben, üben, üben. Das ist das Schlüsselwort!

Empfehlenswert ist es, den in der Zusam-menfassung dargestellten Konfliktisch-Baum und die Gesamtübersicht abzuzeichnen und auf Ihr „Schwarzes Brett" zu heften. Sie können sich auch Karteikarten mit Standard-Antwor-ten und Sprüchen anlegen, welche Sie in Ihre Handtasche oder ins Notizbuch legen oder an Ihren Laptop anheften und sich deren Inhalte immer wieder ins Gedächtnis rufen. Sie können in sozialen Netzwerken Konfliktisch-Übungs-gruppen bilden. Kennen wir uns etwa schon dort?

Hier sind, wie versprochen, meine Kontakt-daten für Ihre Kommentare:

Internetseite:	www.konfliktisch.com
E-Mail-Adresse:	info@konfliktisch.com

Am besten ist es am Ball zu bleiben in Form des Besuchs von weiteren Seminaren und Kur-sen, bei denen Sie ein umfassendes Feedback erhalten, Gleichgesinnte finden und Antworten auf Ihre konkreten Fälle bekommen.

Ich freue mich auf Sie bei meinen nächsten Seminaren zum Thema Konfliktisch und emo-tionale Intelligenz. Alle Details zu Terminen

und Inhalten finden Sie auf meiner Internet-
seite:

www.konfliktisch.com

Ich wünsche Ihnen viel Erfolg bei Ihrem Vorhaben und sage heute: „Auf Wiedersehen, bis
bald!"

Ihre Natalja Pantle

Anmerkungen

[1] Vgl. Fisher, R., Ury, W., Patton, B.: Das Harvard-Konzept. Sachgerecht verhandeln – erfolgreich verhandeln. 19. Aufl., Campus, Frankfurt a. M. u. a. 2000

[2] Vgl. Keller, D., Revenstorf, D.: Das Augenbewegungsmodell des NLP. Physiologische und kognitive Grundlagen. In: Hypnose und Kognition. Bd. 13, Heft 1-2, Milton Erickson Gesellschaft f. klinische Hypnose e. V., 1996, S. 225–250

[3] Vgl. Goleman, D.: Emotionale Intelligenz. 2. Aufl., Hanser, München 1996

[4] Vgl. Gassen, H. G.: Das Gehirn. Primus, Darmstadt 2008, S. 38-39

[5] Vgl. Brockhaus-Enzyklopädie. Bd. 8, Brockhaus, Leipzig/Mannheim u.a. 1997, S. 243

[6] Vgl. Schulz von Thun, F.: Miteinander reden. 1: Störungen und Klärungen. 48. Aufl., Rowohlt, Reinbek/Hamburg 2010

[7] Vgl. Cooper, L.: NLP im Beruf für Dummies. WILEY-VCH, Weinheim 2009, S. 201-220

[8] Vgl. Freud, S.: Das Ich und das Es. Metapsychologische Schriften. (1923). Ausg. 10.–12. Tsd. Einleitung von Holder A., Fischer, Frankfurt a.M. 1994

[9] Vgl. Гандапас, Р.: Камасутра для оратора. Десять глав о том, как получать и доставлять максимальное удовольствие, выступая публично. 4-е изд., Манн, Иванов и Фербер, Москва 2011

[10] Vgl. Lexikon der Psychologie. Bd. 1, Spektrum Akademischer Verlag, Heidelberg/Berlin 2000, S. 187-188

[11] Vgl. Lexikon der Psychologie. Bd. 3, Spektrum Akademischer Verlag, Heidelberg/Berlin 2001, S. 222-223

Literaturempfehlungen

Brockhaus-Enzyklopädie. Bd. 8, Brockhaus, Leipzig/Mannheim u. a. 1997

Cooper, L.: NLP im Beruf für Dummies. WILEY-VCH, Weinheim 2009

Der kleine Duden: Der passende Ausdruck. Ein Synonymwörterbuch für die Wortwahl. Duden, Mannheim/Wien/Zürich 1990

Dilts, R.: Die Magie der Sprache: angewandtes NLP. 4. Aufl., Junfermann, Paderborn 2011

Fisher, R., Ury, W., Patton, B.: Das Harvard-Konzept. Sachgerecht verhandeln – erfolgreich verhandeln. 19. Aufl., Campus, Frankfurt a. M. u. a. 2000

Freud, S.: Das Ich und das Es. Metapsychologische Schriften. (1923). Ausg. 10.–12. Tsd. Einleitung von Holder A., Fischer, Frankfurt a.M. 1994

Gassen, H. G.: Das Gehirn. Primus, Darmstadt 2008

Goleman, D.: Emotionale Intelligenz. 2. Aufl., Hanser, München 1996

Keller, D., Revenstorf, D.: Das Augenbewegungsmodell des NLP. Physiologische und kognitive Grundlagen. In: Hypnose und Kognition.

Bd. 13, Heft 1-2, Milton Erickson Gesellschaft f. klinische Hypnose e. V., 1996

Lexikon der Psychologie. Bd. 1, Spektrum Akademischer Verlag, Heidelberg/Berlin 2000

Lexikon der Psychologie. Bd. 3, Spektrum Akademischer Verlag, Heidelberg/Berlin 2001

Pöhm, M.: Nicht auf den Mund gefallen! 2. Aufl., mvg, Landsberg a. Lech 1998

Ryborz, H.: Die Kunst zu überzeugen. Wie Sie Menschen für sich gewinnen. 4. Aufl., Ariston, Kreuzlingen/München 1998

Schulz von Thun, F.: Miteinander reden. 1: Störungen und Klärungen. 48. Aufl., Rowohlt, Reinbek/Hamburg 2010

Watzlawick, P.: Wie wirklich ist die Wirklichkeit? Wahn, Täuschung, Verstehen. 5. Aufl., Piper, München/Zürich 2007

Zittlau, D.: Schlagfertig kontern in jeder Situation. Südwest, München 1998

Гандапас, Р.: Камасутра для оратора. Десять глав о том, как получать и доставлять максимальное удовольствие, выступая публично. 4-е изд., Манн, Иванов и Фербер, Москва 2011

Евтихов, О.: Мудрость в притчах. Эксмо, Москва 2011

Иванова, С.: Мотивация на 100%. А где же у него кнопка? 9-е изд., Альпина Паблишер, Москва 2017

Mein herzlicher **Dank** geht an meine Seminarteilnehmer, Freunde und Bekannte die mich mit Ihren Fragen, Anregungen und Kommentaren auf die Idee dieses Buches gebracht haben.

Ihre Natalja Pantle

Über die Autorin

Natalja Pantle ist Master of Arts in Linguistik (Staatliche Linguistische Universität Minsk) mit mehreren Jahren Berufserfahrung im Vertrieb (Automobilindustrie). Sie wohnt im Süden Deutschlands und hält als freie Dozentin Seminare zum Thema Kommunikation.

www.konfliktisch.com